전쟁에
동원된
남자들

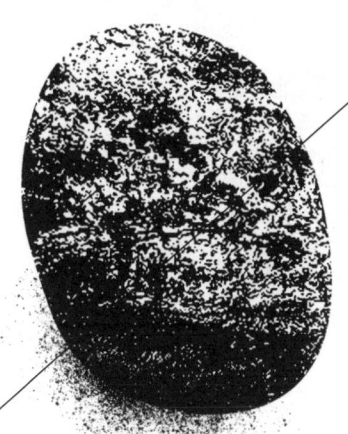

석미화
이재춘
박혜진
최여울
노예주
박정원
이현주
김엘림

차례

추천의 글 … 4

편집자 주 저항하며 듣고 말하는 교차로에서 … 6

1장
전쟁에 다녀온 할아버지

월남에서 돌아온 교련 선생님 – 유성원 말 … 14
이재춘 글
'전쟁'의 소리와 냄새가 아직도 나는 것 같아 – 안익순 말 … 42
이재춘 글
전쟁을 기념한다는 게 말이 되나 – 류진성 말 … 60
석미화 글

어린 병사의 슬픔과 서울의 봄 – 오경열 말 … 86
박혜진 글
일주일에 한 번 월남 마을로 갔지 – 송금술 말 … 116
최여울 글
나는 군복을 입고 살아갈 운명이었나 봐 – 최홍희 말 … 134
노예주, 박정원 글

2장
또 다른 연루자, 참전군인2세와 유가족

이재춘은 스스로를 비존재라고 말한다 … 160
석미화

나는 참전군인2세, 비가시화된 전쟁 2세 … 163
이재춘

현충원은 누구를 위한 곳인가요 – 강성오 말 … 175
이현주 글

3장
분열과 모순 속에서 전쟁을 듣는 마음

몸의 기억들로 전쟁을 듣기 … 188
김엘림

참전군인을 만났습니다 … 197
박혜진, 최여울, 노예주, 박정원

에필로그

평화를 발굴하기 위한 전쟁 이야기 … 210
석미화

추천의 글

　이 책은 베트남전쟁에 참전한 한국 남성들의 목소리이자, 이들의 이야기를 듣기로 한 여성들의 목소리이다. 이 책에는 우리가 '기대한' 가해 경험에 대한 증언 대신, 전쟁을 바로 마주하려는 의지가 담겨 있다. 이는 듣는 사람이 누구인가에 대한 말하는 이들의 응답이자, 한국 사회의 남성성에 대한 재인식이기도 하다. 구술 생애사, 베트남전쟁과 한국, 남성성과 전쟁, 5·18민주화운동에 얽힌 베트남전쟁 참전군인들의 이야기는 우리에게 평화의 의미와 다양성에 관한 근본적 질문을 던진다.

정희진_평화학 연구자, 『다시 페미니즘의 도전』 저자

현대 한국의 기원에 베트남전쟁이 있다. 경제성장의 눈부신 신화와 민간인 학살의 아득한 어둠이 거기서 교차한다. 한국군의 베트남 민간인 학살 진상규명에 힘써온 평화운동가, 시민들이 참전군인들을 만났다. 군인들은 말하고 이들은 듣는다. 대화는 전쟁과 학살을 넘어서며 가부장제의 아득한 무게를, 가난한 삶을 버텨내야 했던 청년들을 불러낸다. 이해는 쉽지 않고 책임은 사라지지 않는다. 그래도 이들은 말하고 들으며 서로 연루된다. 이제 우리가 읽음으로써 연루될 차례다.

조형근_사회학자, 『꽈이강의 다리 위에 조선인이 있었네』 저자

편집자 주

**저항하며
듣고 말하는
교차로에서**

**오래된 이야기를
꺼내는 이유**

    이 책에 실린 참전군인 할아버지들을 찾아가서 사진을 찍었다. 편집 마무리 단계에서 사진을 싣지 않기로 결정했다. 이 책을 읽는 분들이 이미지가 주는 편견 없이 할아버지들의 말에 이입해주기를 바랐다. 계급과 젠더, 교육과 환경, 국민과 비국민 사이 편을 가르며 날마다 싸움을 부추기는 오늘의 대한민국에서 할아버지들의 옛날이야기를 듣는 건 어떤 의미가 될 수 있을까.

이 책의 글쓴이들 대부분은 베트남전쟁 평화운동에 마음을 보태는 이들이다. 그들은 이 전쟁에 관한 국가 중심의 서사, 가해와 피해를 둘러싼 납작한 시선에 대해 고민이 깊다. 참전군인에 대한 고정된 시선도 이들이 고민하는 부분이다.

평화단체 '아카이브평화기억'은 참전군인이 총을 든 자리를 외면하지 않으면서도, 우리 사회가 그들을 가해의 자리에 세운 채 평화로 함께하는 길을 닫아놓은 것이 아닌가 하는 문제의식을 가지고 활동하고 있다. 그래서 참전군인을 만난다. 전쟁을 수행한 병사로서 참전군인을 만나는 동시에 전쟁 경험과 그 이후의 삶에 대해 말하고 듣는 활동을 통해, 이제는 할아버지가 된 그들의 목소리를 대면하고 불편함과 뒤틀림, 반가움과 어지러움이 교차하는 지점을 낱낱이 마주보고자 시도한다. 이 책은 그들이 만난 참전군인의 목소리를 담은 동시에, 평화운동의 방법으로 선택한 '듣기, 소통하기, 연루되기'에 대한 기록이다.

저항하며 듣기

참전군인의 목소리를 듣는 일은 그들이 가담하게 된 전쟁과 폭력에 서사를 만들거나, 양심적 증언자의 자리로 초대하려는 것이 아니다. 모든 책임을 가난한 시절이나 박정희 정권의 폭력과 기만 탓으로 두지 않고, 그들을 국가주의와 가부장제에 의해 희생된 수동적인 개인으로만 바라보지 않으려는 노력이다.

그런 의미에서 이 기록은 참전군인을 가해의 자리에만 머물게 하지 않고, 이야기의 자리에 초대하여 그들의 설 자리를 마련하는 활동이다. 전쟁 경험과 그것에 대한 인식, 그 이후의 삶을 묻고 들으며 그들과 함께 성찰하는 과정이다. 이것은 결국 참전군인과 함께 계급과 민족, 병역과 군대, 세대와 역사, 가족과 젠더에 관한 한국 사회의 여러 문제를 똑바로 마주하겠다는 의지이다.

이 책의 또 다른 주인공은 참전군인의 이야기를 듣기로 한 이들이다. 이들은 전쟁을 수행한 할아버지들의 이야기를 어떻게 들어야 하는지 고민하고 부대끼며, 스스로가 가진 기대와 편견을 마주하고, 한숨과 질문, 갈등과 도전이 뒤범벅되는 시간을 건너오기도 했다. 듣는 이들은 스스로의 위치와 자리를 변화시키거나 거리두기를 조절하며 때로는 듣기에 성공하고 때로는 실패한다. 무조건적인 공감과 이해 너머에서, 저항하며 듣기를 시도한다.

위계를 깨트리며
계속하기

한편 이 책은 '의미 찾기'와 '의미 깨기'의 싸움이기도 하다.

베트남전쟁 시기 한국군에 의한 민간인 학살을 증언한 참전군인 류진성은 몇 번의 매체 인터뷰를 통해 "그때는 잘못인지도 몰랐다"라고 고백한 바 있다. 평화운동과 구술 기록 활동을 만나며 과거의 전쟁 수행이 잘못이었다는 인식을 갖게 되었다는 말이었다. 그의 이 말과, 이 말을 기록으로 남기는 일 사이에는 짧은 말로 담을 수 없는 고민과 갈등, 시선과 억압, 강요와 자유가 교차하고 있다는 것을 알아차리는 일이 이 책의 또 다른 목표이기도 하다.

참전군인을 만나는 일은 여러 갈등을 동반한다. 전쟁을 수행한 경험자들에게 강요와 억압 없는 이야기의 자리를 내어주는 것은 피해의 고통을 외면하는 일이 아닐까? 참전군인을 말의 자리로 초대하는 것과 참전군인에게 가해의 경험을 나누고 성찰하도록 독려하는 것은 어떤 차이가 있을까? 청자의 자리에 있는 이는 참전군인에게 이러한 초대와 독려를 할 어떤 권리와 의무가, 어쩌면 책임이 주어진 것일까?

이 책의 글쓴이들은 참전군인 개개인이 낱낱이 다르며, 선한 의인이나 악한 군인으로 단정 지을 수 없는 개인, 즉 계급과 민족, 세대와 젠더 등 다양한 위치에서 교차하는 자리에 놓인 개인으로 인식하려 애썼다. 동시에 지금의 나와 함께 동시대를 살아가는 이로서의 공감과 연대, 질문들을 찾아가는 동료이기를 바라며 만났다. 참전군인과 더불어, 그와 동시에 저항하며, 역사와 폭력, 전쟁과 평화를 다시 마주하는 일은 국가가 주입한 기억에 맞서서 새로운 해석의 장을 여는 시도일뿐 아니라, 편 가르기와 혐오가 점철된 한국 사회에 공존과 평화를 불러오는 새로운 관계 맺기의 시작이 될 수 있을 것이다.

다만, 이 만남이 참전군인의 말하기 기록으로만 남지 않기를 바란다. 전쟁 폭력을 수행한 이들에게 말을 걸고 이야기를 듣는 일은 경청하며 저항하는 활동이자, 말하고 듣는 이 사이에 생성되는 위계를 끊임없이 뒤집고 부수는 행위이다. 이들은 서로의 질문과 이야기 사이에서 생성되는 위계를 넘어서기 위해 끊임없이 의미를 깨고 다시 지으며 계속 이야기를 시도한다.

이 책을 통해 목소리를 들려준 참전군인과 그들의 이야기를 듣기 위해 분투한 이들, 참전군인을 만나는 활동에 함께한 여러 활동가와 기록자, 말할 수 있는 자리를 만들기 위해 교차하는 시간과 위치를 계속 질문해온 이들에게 응원과 감사의 마음을 전하고 싶다. 더 많은 목소리들이 모여 함께 듣고 펴고 구르며, 위계를 부수는 듣기와 말하기가 계속되기를 바란다.

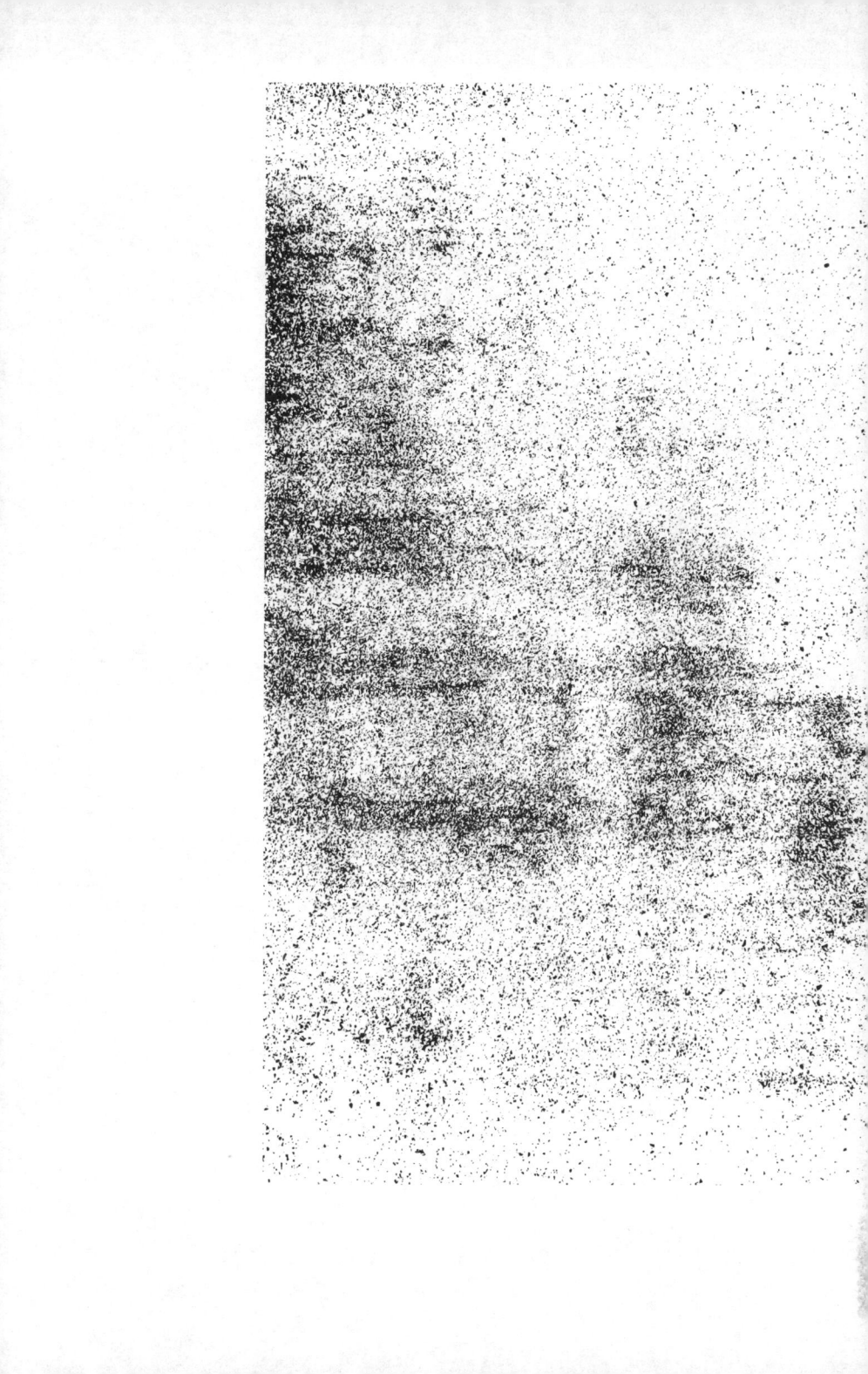

1장

전쟁에
다녀온
할아버지

기록 | **이재춘**

1978년생 이재춘은 참전군인 2세이다. 군인이었던 아버지 덕분에

살면서 많은 군인을 만났다. 어릴 적에는 밀리터리 덕후였는데

아버지의 죽음 이후 역사와 평화에 관심을 갖게 되었다.

최근에는 고엽제와 몸, 평화로서의 반전에 대해 연구 중이다.

참전군인 유성원을 만나며 아버지와 고교 시절 받았던

교련 수업을 자주 떠올렸다.

월남에서 돌아온 교련 선생님

참전군인
유성원(가명, 1943년생)
이야기

유성원(83, 가명)은 1943년 전남 곡성에서 삼형제 중 장남으로 태어났다. 아홉 살 때 아버지를 여의고 홀어머니 밑에서 자라며 늘 가난에 시달렸다. 곡성농고 3학년일 때 4·19를, 조선대 약대 1학년일 때 5·16군사정변을 만났다. 돈을 내도 들어가기 힘들다는 약대에 합격했지만 1년 후 중퇴했다. 등록금 낼 돈이 없었다. 살길을 찾다가 장교 시험을 통과했고 군대에 들어갔다. 장남으로서 집안에 보탬이 되고 싶어서 파병을 자원했다. 한국으로 복귀 후 직업군인으로 출세의 길이 열린 듯 보였지만 제대를 선택했다. 군대가 싫었다. 이후 교련 교사(1975-2000)와 한문 교사(2001-2005)로 교편을 잡았다. 광주 인근 고등학교에서 학생주임을 하던 시절 5·18민주화운동을 겪었다. 학생들을 구하기 위해 전남도청 앞에서 몇 날 며칠을 지키고 서 있었다.

군대에 갔더니
밥이 얼마나 맛있던지요

유성원은 가장 먼저 배고픔을 이야기했다.

"군대에 갔더니 밥이 얼마나 맛있던지요. 우리가 밖에서 밥을 먹으면 나무껍질이 구십이고 곡식이 십이에요. 나무 겉껍데기를 까면 그 밑에 나오는 거 있잖아요. 그걸 넣어서 밥을 지어요. 까슬까슬하고 먹어도 배가 안 부르죠. 군대 가서 밥을 먹으니까 살살 녹아요. 쌀이 반, 잡곡이 반이에요. 얼마나 맛있어요! 나처럼 없는 집 사람들은 아주 맛있고 배부른데 평소에 쌀밥만 먹던 사람들은 그것도 맛이 없다고 해요."

메마른 땅에 비료라도 뿌려야 가족들의 먹거리를 간신히 거두던 시절, 유성원은 그 비료 한 포대 살 돈 없는 집에서 홀어머니의 고생스러운 뒷바라지로 자랐다. 어릴 때부터 공부를 잘했고, 가난한 시골집 아이가 조선대 약대에 들어간 일은 동네 자랑으로 소문이 자자했지만 그게 먹고사는 일을 해결해주지는 않았다. 그는 등록금이 없어서 대학을 1년 다니다 중퇴했다.

"제가 조선대를 다녔는데요, 그때만 해도 다른 과는 학생 수가 미달이었어요. 조선대는 의대가 없었고 약대뿐이었는데, 저 나름대로는 학교에서 공부를 꽤 잘했어요. 약대 재학 중에도 재시험 하나 없이 1학년을 마칠 정도로 했으니까. 상당히 성적도 좋았는데 등록금을 못 내니까 낙제자가 됐죠."

5·16군사정변 영향으로 대학마다 휴강이 밥 먹듯이 일었다. 약대는 달랐다. 야간 통행금지 없이 학교를 출석하게 하고 전문적인 공부를 시켰다. 유성원은 기대에 부풀었다. 졸업하면 사람들을 치료해서 집안 경제를 일으키리라는 꿈도 꾸었다. 하지만 가난한 시골집 살림 어디에도 다음 해 등록금을 마련할 방법은 없었다. 학교를 더 다닐 수 없게 된 유성원은 고향 집으로 돌아갔고 '고등공민학교'에서 아이들에게 중학교 수학을 가르쳤다.

"고등공민학교가 뭐냐면 정식 중학교는 아니에요. 거기서 공부를 해가지고 검정고시를 보면 중학교 졸업 자격을 주는 거죠. 시골 아이들은 중학교 과정을 공부하고 싶어도 돈이 없고 학교 갈 형편이 안 되잖아요. 집에서도 일 시키지, 멀리에 있는 학교까지 안 보내주고요. 근데 학교에 수학 교사가 생기니까 운영이 되는 거죠. 사회나 국어를 가르칠 만한 사람은 있는데, 수학 교사는 드물었거든요. 돈을 받고 한 건 아니에요. 조선대 약대 다녔다고 하니까, 부탁을 하길래 봉사한 거지."

군사정변으로
세상은 또 한 번 뒤집어졌다

1961년 5월 16일, 박정희가 군사정변을 일으켰다. 군 장교 출신자들이 여기저기에 등용됐다.[1] 그 분위기는 곡성 촌에도 영

1.
5·16군사정변 이후, 군 장교 출신들은 기존 관료체계뿐 아니라 각종 공공기관·공기업에 들어갔다.

향을 미쳤다.

"군대에서 소위나 중위로 제대한 장교들이 특별한 임용 절차 없이 국가공무원으로 막 나가고 그랬어요. 군대 장교가 되면 먹고 사는 일은 괜찮아지겠다는 생각이 들더라고요. 근데 썩 내키지는 않아서 그냥 있었는데, 하루는 군대 다녀온 동네 선배들이 저더러 뭔 시험을 같이 보자고 해요. 자기들은 장교가 되기 위해서 군대를 다시 갈란다, 그러려면 간부후보생[2] 시험을 봐야 하는데 같이 보자, 그러는 거죠. 초등학교 선배들 대여섯 명하고 같이 가서 시험을 봤지요."

그날 같이 '장교간부후보생' 시험을 치른 사람 중에서 유성원만 유일하게 합격했다. 유성원은 논산훈련소에서 6주간 기초 군사훈련을 받고, 전라도 광주 보병학교에서 전반기 교육, 포병학교에서 후반기 교육을 마쳤다. 그리고 강원도 화천 27사단 포병부대 소위로 임관해 군 생활을 시작했다. 그 뒤 육군본부에서 시행한 유도탄부대 운용장교 모집 시험에 응시해 합격했고, 한국군 부대에서 미군사고문단의 유도탄 운용 교육을 받았다. 미국 연수 프로그램 참여를 위한 최종 시험에 낙방하면서 부산의 방공학교에서 재래식 고사포 교관으로 근무하게 되었다.

"제가 부산에 있을 때 김신조가 넘어왔어요. 김신조 알죠? 북한 간첩? 1968년에 북한에서 특수부대가 넘어와가지고 대부분 죽고 김신조 하나만 잡혔잖아요. 그때 김신조가 '북한에 AN-2 비행기라는 것이 있는데 레이다에 잡히지 않는다, 그 비행기로 서울

2.
초급장교를 양성하기 위해 운용하던 시험. 간부후보생 시험은 중졸 이상의 학력을 가지면 지원가능했던 부사관간부후보생시험과 고졸 이상 학력이 있어야 지원 가능했던 장교간부후보생 시험이 있었다. 장교간부후보생이 되면 1년간의 교육을 수료하고 임관했다.

중요 기지를 기습하려고 그런다' 그러니까 대비를 해야 된다, 그랬거든요."

'1·21사태[3]'는 당시 한국 사회에 큰 충격을 준 동시에, 유성원의 인생에도 많은 영향을 끼쳤다. 1·21사태가 터지자 한국군은 북한의 소형 비행기 침투 공격을 막기 위해 서울 중요 기지에 재래식 고사포를 배치하기로 결정했다. 그것을 다룰 수 있는 무기 전문가를 수소문했고 그때 뽑힌 사람이 유성원이었다.

"재래식 고사포가 뭐냐면 만약에 비행기가 날아오면 주변 사방에서 총을 쏘는 거예요. 1분에 많은 실탄이 발사돼요. 그럼 비행기가 날아와도 어느 면이든 맞게 돼 있어요, 사방에서 쏘니까. 그게 재래식 고사포예요. 근데 그때는 재래식 고사포가 이미 한국에서 없어진 무기여서 그걸 아는 사람이 없는 거예요. 그때 저는 부산에서 고사포 교관으로 있었거든요. 그것 때문에 서울로 와서 수도경비사령부(이하 수경사)에서 근무하게 됐어요. 서울지역 외곽 경비를 맡았죠. 주로 삼청공원에 많이 가 있었어요."

포를 정확하게 쏘려면 수학과 계산에 능하고 지도를 신속하고 정확하게 읽을 줄 아는 능력이 필요했다. 유성원은 공부와 연구를 늘 해왔던 터라 서울로 올라가서도 맡은 역할을 어렵지 않게 수행했다.

2년 뒤 유성원은 대위로 진급했다. 당시 군대에서 대위는 중대장 등 지휘관 역할을 맡아야 했다. 그런데 수경사 안에는 이미 대위가 많았고 대부분 육군사관학교 출신들이었다. 전라

3.
북한 특수대원 31명이 청와대를 습격할 목적으로 1968년 1월 17일 밤, 남한에 침투하여 1월 21일 밤 북악산 근처에서 발각된 뒤 벌어진 일련의 사건을 이른다. 일주일 넘게 추격전이 일다가 북한군 29명이 죽었고 1명은 북으로 귀환한 것으로 추정된다. 나머지 1명이 투항했는데 그가 김신조였다.

도 출신에다 육군사관학교도 나오지 않은 간부후보생 출신 유성원이 수경사에서 중대장을 맡는다는 건 불가능에 가까웠다. 그는 철원에 있는 6사단 포병부대 155MM 곡사포 중대장으로 발령받게 되었다.

"그때 수경사 경비대대 대대장이 전두환이에요. 박정희 때 전두환이 대대장이었어요. 다른 건 뭐라 말해야 할지 모르겠고……. 부하들을 엄청 챙겼어요. 거기는 엄청나게 군기가 세요. 그때는 전두환 밑에 부대도 엄청 많았고요. 보병 네 개 중대, 전차도 일 개 중대, 헌병도 일 개 중대, 공병도 있고. 엄청나게 컸어요. 거의 연대급이었죠. 보안 비밀이었지만 지금은 없어졌으니까 말하는 건데요. 당시에는 30경비대가 있었고 외곽에 또 33경비대가 있었어요. 어마어마했죠. 철통 보안이었고요. 그때 대위가 되니까 전두환 대대장이 나보고 그러더라고요. 전방에 가서 근무하고 중대장 경력 쌓고 오니라."

유성원은 철원 생활이 나쁘지 않았다. 전방이긴 했지만 상대적으로 서울과 가깝고 교통편이 잘 갖춰져 있어서 장교들이 선호하는 곳이었다. 사단장과도 수경사에서 참모장으로 인연을 쌓았던 터라 친밀했고 윗사람들 간섭이 덜한 독립부대여서 중대장 생활을 어렵지 않게 할 수 있었다. 그는 군 장교로서 생활과 경력 모두 좋은 자리에 있었지만, 1972년 베트남전쟁에 참전하기로 결심했다. 아직 어린 두 동생과 홀어머니의 생계가 늘 마음이 쓰였던 탓이다.

"내가 장남이고 동생들 공부도 시키고 싶어서 월남에 가려고 했죠. 내가 군대에만 있어도 가정생활이 조금 풀리더라고요. 그전까지는 수입이 아예 없었잖아요. 그때는 시골에서 돈을 빌려 쓰려고 해도 빌릴 데가 없었어요. 이자 1할(10퍼센트)을 준다고 해도 빌릴 데가 없어. 농사를 지으려면 비료를 사야 되는데 현금이 없으면 못 사요. 또 인부를 써야 하는데 돈을 안 주면 인부들이 안 오잖아요. 특히 나 같은 경우는 아버지도 안 계시지, 동생들은 중학생이지. 또 할아버지, 할머니 계시지. 그럼 어머니가 혼자 일을 해야 되는데……. 내가 봉급 받은 걸 보내긴 해도 그게 얼마나 되겠어요. 다 부쳐도 부족했겠죠. 집에서 편지만 오면 애가 탔어요. 돈 보내달란 말은 안 적혀 있어도 집이 어떻겠구나 하는 걸 내가 다 아니까. 다른 장교들은 돈 쓰고 놀기도 하던데 나는 집에 부치기 바빴어요."

어머니는 적게 먹고
적게 살자 했지만

유성원의 어머니는 적게 먹고 적게 살지, 하면서 끝까지 아들이 베트남전쟁에 가는 것을 반대했다. 하지만 그는 어머니의 뜻을 따를 수 없었다.

"5·16쿠데타 나고 나서 군대 봉급이 괜찮아졌어요. 당시 한 달 대위 봉급이 상당히 많았어요. 4급 공무원이나 같았으니까. 대위는 전투수당도 나와서 사병은 몇십 불인가 하고 소위는 120불, 중위는 135불, 대위는 150불 그래요, 한 달에."

당시 베트남전에 참전한 한국군 대위의 한 달 급여는 150달러였다. 정부는 파병 가는 군인들에게 1년 치 봉급을 한꺼번에 줬다. 베트남에 가면 미군 측에서 부담하는 월급을 150불씩 추가로 받았다. 먹고살기 어려운 시절, 이 돈은 참전을 결심하는 데 큰 동력이 됐을 것이다. 그래도 초창기에는 참전을 자원하는 군인들이 많지 않았다고 한다. 당시 군인들은 전체적인 전쟁 양상에 대해 파악할 수는 없었지만 참전했던 한국 군인들의 죽음에 대한 이야기는 들을 수 있었다.

"사병이고 장교고 다들 베트남에 안 가려고 그랬는데 나는 마지막 진에 갔어요. 내가 갈 때만 해도 그렇게 전쟁이 치열하지 않았고, 또 나는 돈이 필요했고, 그래서 신청했는데 처음에는 그것도 취소됐어요. 가지 말라고 한 거죠. 나중에 위 모르게 갔어요. 사단장이 도와줬는데 사단에 보고하지 말고 가라고 해서 그냥 교육 받으러 가버렸어요. 월남을 가려면 오음리[4]에서 한 달간 교육을 받아야 했거든요. 간단한 월남어랑 담력 교육이요."

정부는 사병이나 장교에 관계없이 전장으로 가는 군인들에게 이른바 배짱을 기르기 위한 담력 교육을 받게 했다. 풀숲이 많은 산에 군인들을 한 명씩 보내놓고 갑자기 허수아비가 튀어나오게 해서 놀래키는 식이었다. 묘지 앞에 땅을 파서 빈 관을 두고 그 안에 들어가 촛불을 켜게 하는 훈련도 있었다. 월남 모

4.
제7보충교육단이 파월 장병 훈련장으로 활용되었다. 현 강원특별자치도 화천군 간동면 오음리.

자를 쓴 베트남 사람이 나타나면 달려들어 덮치든가 끌고 가게 하는 것도 훈련이었다. 실제 전장 상황이 어떤지 하나도 배우지 못한 채, 허술한 교육을 마치고 유성원은 부산항 제3부두에서 LST선[5]을 탔다.

5.
Landing Ship Tank, 인력과 군 장비를 운송하는 수송선.

"긴장은 됐지만 결심이 흔들리지는 않았어요. 월남전도 후반 쯤 되니까 대위 이상은 잘 안 죽었거든요. 초급간부인 중위나 소위들이 죽는 경우가 많았죠. 나는 포대장이고, 포병은 나가서 싸울 일도 별로 없잖아요. 포만 쏘지. 그러니까 '죽지는 않겠지, 죽지는 않을 거야' 그렇게 되뇌면서 갔어요."[6]

6.
실제로 베트남전쟁에서 한국군 사상자의 90퍼센트 이상은 병사 계급이었다. 대위 계급 사상자는 소수였고 위험 지역에서 직접 적과 마주쳤던 초급간부들의 사망 비율이 높았다.

남성 병참 장교 눈으로 본 베트남전쟁

유성원은 생에 처음으로 배를 탔다. 일주일이 넘는 시간으로 기억한다. 장교는 사병과 달리 배 안에서도 좋은 시설을 누렸지만, 멀미가 심했던 그는 베트남까지 가는 내내 애를 먹었다. 그러는 중에도 배 안에서 장교와 사병의 위계 구조는 더욱 뚜렷하게 다가왔다.

"배를 타면 사병과 장교가 너무 달라요. 하사관부터 병까지를 사병이라고 하거든요. 사병들은 배 밑 아래층을 써요. 거긴 밤이고 낮이고 캄캄하죠. 근데 장교는 전부 다 물 위 전망이 보이는 방을 써요. 2인 1실에 개인 침대가 양쪽에 있고. 자고 일어나면 아침에 필리핀 사람들이 와서 시트를 싹 바꿔줘요. 밥도 해 와서 대접해주고. 수시로 차를 마실 수 있도록 항상 대기해놓고요. 근데 사병은 밥도 스스로 해 먹어야 되고 방 하나에 열 명인가 같이 자야 하고 너무 차이가 났어요. 해군들 문화가 그랬는지 모르겠는데 하여튼 그랬어요."

베트남에 도착한 유성원은 주월한국군사령부 야전사령부 소속 원호 담당자로 발령받는다. 1972년 2월부터 1973년 3월 23일 철군 때까지 이 직무를 수행했다. 참전 초기에 잠시 국산 P.X.와 미국산 P.X. 관리를 맡기도 했다. 하지만 참전 기간 대부분은 한국에서 온 위문편지와 위문품을 부대별로 배분하고 관리하는 일을 했다. 한국에서 온 위문공연 연예인단을 인솔하는 것도 그의 역할이었다.

"편지나 위문품이 오면 한 번 올 때 트럭으로 20-30대가 와요. 엄청나게 왔어요. 전국 초·중·고등학생들한테 다 위문편지를 쓰게 했으니까. 편지가 한 트럭씩 왔죠. 학교별로 박스에 가득 오면 그걸 각 부대에 나눠주는 거예요. 이건 백마, 요건 맹호 나누는 거죠. 월간지, 신문, 잡지나 주간지 이런 것도 매주 들어와요. 그런 건 주로 시간 많은 사람들이 좋아해요. 전투하는 사람들은 그런 거 안 봐요. 십자성 부대에 102병원이 있었거든요. 한국군 야전병원이요. 환자도 많고 간호원들도 몇백 명 됐어요. 그 사람들이 월간지나 주간지를 좋아하니까 제가 챙겨서 갖다주고 그랬어요."

위문 온 연예인단을 부대까지 인솔할 때는 헌병들도 호송에 함께했고, 무대와 분장용품 등을 실은 트럭 여러 대가 줄지어 갔다.

"나 있을 때 현미 부부가 1년에 두 번 오고 나훈아가 왔다 가고. 나훈아는 대위 계급장 달고 왔더라고요. 베트남에 있는 동안만 붙여주는 거예요. 나중에 들어보니까 월남 안 갔다 온 연예인들은 한국에서 방송 출연을 못 하게 했대요. 그래서 다들 한 번씩은 왔죠. 코미디언들이 특히 많이 왔다 갔어요. 송해도 왔다 갔다고 하더라고요."

전쟁은 격전지에서뿐만 아니라 병참기지 안에서도 여러 양상으로 다양한 위치의 사람들에게 피해를 일으켰다.

"나트랑에 있는 102병원에 위문도 가고. 맹호부대에 중대 단위까지 쭉 위문을 했어요. 소대가 내일 전투 나간다고 하면 나가기 전에 위문을 가줘요. 위문단에 제일 많은 게 여자 댄서들이에요. 가수 뒤에서 춤추는 여자분들이요. 사회자는 전부 남자고. 그분들이 부대에 가서 같이 사진도 찍어주고, 맥주도 한 잔씩 마셔줘요. 전투에 나가기 전에 그렇게 해주는 거예요. 그때 미신이 있었는데, 전투 나갈 때 여자 팬티를 갖고 가면 안 죽는다고. 그래서 연예인들이 저녁에 팬티를 빨아 널어놓으면 다음 날 팬티가 싹 없어져요. 그럼 원망들을 많이 하죠. 하도 그렇게 되니까 그 사람들이 올 때 내가 미리 사정을 얘기했어요. 팬티 좀 많이 늘어놓으라고 부탁도 했죠. 살고 싶어서 그러는 건데 어떡하겠어요. 이해 좀 해달라고 내가 그랬죠."

베트남전쟁과 사제 권총

베트남전쟁에서 한국군 장교들이 쓰던 권총은 미군의 M1911A1이었다. 45구경 보조 무기임에도 불구하고 권총의 무게만 1킬로그램이 넘었기에 휴대가 불편했다. 이에 비해 사제 권총은 손안에 들어갈 만큼 작고 가벼운 데다 성능도 좋았다.

"사제 권총을 살 수 있었거든요. 사병들은 사제 권총을 못 썼고 장교들한테만 그걸 파는 데가 따로 있었는데 실탄도 팔고 권총도 팔았어요. 저도 100불 주고 한 자루 샀었죠. 권총하고 실탄을 100발인가 줬어요. 연습용으로도 쓰고 월남에서 위급한 일이 날 수 있으니까 그걸 대비해서 샀어요. 군대에 있는 권총은 크잖아요. 사제 총은 호주머니에 넣어도 안 보일 정도로 작고 가벼운데 위력은 똑같았어요."

베트남전쟁 당시 한국군이 귀국할 때는 반입 물건에 대한 통제가 상대적으로 엄격하지 않았다. 규모를 파악할 수는 없으나 허가받지 않은 상당수의 사제 총기류가 한국으로 들어왔을 것으로 추정된다.

"군대에서 준 게 아니니까 한국에 갖고 들어올 수도 있었어요. 반입 허가를 받아야 했죠. 근데 불법으로 많이 갖고들 왔을 거예요. 사병들도. 저는 철군하기 전에 사제 권총은 다시 팔아버리고, 그 대신 새총 같이 생긴 것 하나는 가지고 귀국했어요. 아, 지금은 이름이 기억 안 나는데 아주 작았지만 굉장히 스프링이 센 거였어요. 어린애들 종이총 보면 밑에 밀어 넣으면 딱 나가게 만들잖아요. 그것처럼 생겼는데 그 앞에다가 실탄을 잠궈서 쏘면 진짜 팡 나갔어요."

그가 가진 것이 권총은 아니었지만 실탄을 넣으면 분명히 앞으로 나갈 수 있는 총이었기에 계속 가지고 있을 수 없었다.

"5·18 때 화장실에 넣어버렸어요. 하도 겁을 줘서……. 총기 있으면 다 보고하라 그러고, 만약에 보고 안 하면 가택 수사·수색 한다고 그랬어요, 광주에서는. 그래서 화장실에 갖다 넣어버렸어요. 변기에다가, 그때 가지고 올 때는 도둑놈들 오면 겁준다고 갖고 있었거든요. 근데 내버렸어요."

전쟁을 옹호하는 사람은
어떤 사람들인가 모르겠습니다

유성원은 전쟁의 여러 참상 가운데 102병원에서 봤던 부상당한 군인들의 모습을 아프게 기억하고 있다.

"아휴, 전쟁을 옹호하는 사람은 어떤 사람들인가 모르겠습니다만 전쟁이 어떻게 괜찮습니까? 지긋지긋합니다, 지긋지긋해!

7.
AnKhe패스작전. 작전 기간 : 1972년 4월 11일 ~4월 25일. 작전지역 : Binh Dinh省 Binh Khe 郡. 작전부대 : 수도사단 기갑연대. 한국군 전사 57명, 부상 108명. 『월남전 종합연구』, 주월한국군사령부, 1974, 483-503쪽 참고.

처참하죠. 102 병원에 두 다리가 그냥 끊어져 버린 사람도 있었고. 부비트랩(booby trap)이라는 게 있거든요. 건들면 터져버리는 그런 게 있으니까 다친 사람이 많았죠. 위문공연 왔다니까 간호 장교들이 휠체어에 싣고 나왔더라고요. 전투하다가 다친 사람들도 있고 총상 입은 사람들도 있고. 안케패스[7] 같은 데는 사람들이 그냥 시체를 밟고 갔다고 하니까. 얼마나 많이 죽었겠습니까. 적도 죽었겠지만 아군도 말할 수 없이……. 적군에다 포를 쏴야 되는데, 적한테 완전히 둘러싸여 있고 하니까 할 수 없이 자기들 머리 위에 포를 때리라고 했다더라고. 들은 바에 의하면 그래요. 죽을 줄 알면서도 자기 머리 위에 포를 쏘라고 할 수밖에 없는 게 전쟁이에요. 얼마나 많이 죽었겠습니까. 전쟁은 안 하는 게 좋죠."

그도 죽을 고비를 몇 번 넘겼다. 막사에 있다가 적의 박격포 공격을 받았다. 전기를 쓰기 위해 미군기지 옆 막사에서 사무일을 보고 있었는데, 포가 두 번 떨어졌고 유성원이 있던 바로 옆 막사에 사상자가 발생했다. 조금만 빗겼다면 그가 맞았을 것이다. 어느 날은 원호품을 싣고 차량 이삼십 대가 한꺼번에 이동하는 과정에서, 갑자기 차량 한 대가 고장 나서 멈춘 적이 있다. 그 차량만 놓고 움직이는 건 너무 위험했다. 적군에게 부대를 노출시키는 것과 같았다. 서둘러 차를 고치려는데 날이 저물었다. 주월한국군사령부 전체에 비상이 걸렸다. 그 차량 한 대를 경호하기 위해 중대가 동원되었고 결국 다른 트럭이 와서 그 차를 끌고 갔다. 다행히 크게 다친 사람은 없었는데 그때 해가진 뒤에 느꼈던 공포에 간담이 서늘했던 기억은 쉽게 잊히지 않는다. 또 끝없이 길게 이어지는 베트남의 고무나무 숲이 아름다운 풍경이 아니라 너무나도 공포스럽게 다가온 순간도 잊을 수 없다.

"월남에 고무나무밭은 아주 큰 평야 같아요. 가로세로 줄을 맞춰가지고 고무나무를 길게 쫙 심어놨어요. 거기서 고무 원료를 따는 거죠. 나무에 상처를 내면 옻나무에서 옻칠 나오듯이 고무나무 진액이 나와요. 밑에다 그릇 같은 거 받쳐놓거든요. 그게 나오는 게 보여요. 근데 거기 들어가면 안 돼요. 근처도 지나가면 안 돼요. 베트콩이 언제 쏠지 몰라요."

남베트남은 프랑스 식민지 시절 조성된 고무나무밭을 주요 산업 토대이자 외화벌이 수단으로 삼고 있었다. 그래서 남베트남 정부는 고무나무밭에서의 교전을 금지시켰다. 고무나무가 총탄에 맞으면 고무 생산에 어려움이 생겼기에 정책적으로 군대의 접근을 막은 것이다. 베트콩은 그런 상황을 이용해 고무나무밭에 몸을 숨기고 지나가는 적에게 총을 쏘았다.

월남에서는 해가 떨어지면
마을에 절대 못 가게 해요

"그 사람들은 자기네가 양민이라고 하지만 양민인지 베트콩인지 군인들은 사실 모르고요. 베트콩이라고 복장이 따로 없잖아요. 민간인이나 베트콩이나 똑같았어요. 구분이 안 돼요. 그래서 초창기에는 한국군이 많이 당했다고 들었어요. 월남에서는 해가 떨어지면 마을을 절대 못 가게 해요. 만약에 나갔다가 해가 져서 못 들어오는 사람이 있으면 부대에 난리가 나요. 뭔 사고 나지 않게 부대가 동원돼가지고 나가서 그 사람을 끌고 와야 돼요."

유성원은 당시 한국군 부대 앞에는 베트남 양민을 보호한다는 구호들이 붙어 있었다고 하면서도, 그 실제 양상에 대해서는 모호한 지점들이 존재한다는 것을 인식한 듯 복잡한 마음을 들려주었다.

"그건 참 어려운 문제인데. 월남에는 도로 곳곳에 다리가 있습니다. 월남 경찰이라고 하는 사람들이 다리 앞을 꼭 지켜요. 다리를 폭파시키면 차량이 못 다니니까 다리를 보호하기 위해서 지키는 거예요. 그 사람들은 거기에서 잠도 자고 밥도 해 먹어, 자기 부인도 그 옆에서 같이 밥해 먹어요. 그런데 저녁이 되면 베트콩이 와서 다리를 폭파해! 지키는 사람은 다음 날에도 아무 이상이 없어, 폭파된 다리 옆에 그냥 서 있어, 그냥 지키는 거죠. 이게 다 자기들끼리 서로 통하는 거예요. 폭파시킨 사람도, 지키는 사람도 같은 마을 사람들이든 뭐든 한 거지. 같은 통속이야. 그러니까 이걸 어떻게 해석해야 될지 모르겠는데. 한국에도 6·25(한국전쟁) 때 이런 일이 얼마나 많았습니까?"

『월남전 종합연구』(주월한국군사령부 발행, 1974)에 기록된 바에 따르면 '주월 한국군 신조'는 다음과 같았다. 첫째, 우리는 적에게 용감하고 무서운 '한국군'이 되자. 둘째, 우리는 월남인에게 예의 바르고 친절한 '따이한'이 되자. 셋째, 우리는 우방군에게 군기 엄정하고 신의 있는 '코리언'이 되자. 그러나 적과 민간인의 구별 자체가 불분명했던 전장 상황에서 위의 구호들은 역설적으로 '예의 바르고 친절한 따이한'이 '용감하고 무서운 한국군'이 될 수 있는 발판이 되기도 했다. 작전의 오류와 착오에 의한 민간인 학살이 생기더라도 이를 합리화하는 신조라는 측면을 간과할 수 없다.

어떤 것을 옹호해야 될지 모르겠고 옹호해서도 안 되고

유성원은 한국군이 베트남에 파병된 초창기에 한 부대가 벌였던 일에 대해 건너 건너 들은 적이 있다고 조심스레 들려주기도 했다.

"우리 군이 고무나무밭을 지나간다거나 할 때 저격을 당하면 죽을 거 아닙니까? 내무반에서 같이 밥 먹고 밤도 지새우고 놀던 사람이 전투 나갔다가 죽어서 오면 천불이 나죠. 맨 앞에 섰던 소대장이 저격당해서 죽어 왔어요. 그럼 그날은 전 소대원이 초상집이에요. 눈에 뵈는 게 없어요. 막 보복하자고 아우성치게 되죠. 그럼 그냥 베트콩만 죽었겠습니까? 민간인도 죽죠. 그렇게 해서는 안 되는 줄 알면서도 아마 어쩔 수 없이 그러지 않았나, 그런 생각이 듭니다. 어떤 것을 옹호해야 될지 모르겠고, 옹호해서도 안 되고요……."

차마 한숨을 쉴 수도 동의를 할 수도 없는 이야기가 이어졌다. 유성원이 들은 바에 따르면, 초창기 한국군의 한 부대는 적군에게 큰 공격을 받자 베트남의 한 마을에 찾아가 누구든 한국군을 쏘면 마을 전체에 보복하겠다고 선언했다. 그리고 그 뒤 실제로 그렇게 했다.

"적으로부터 저격당하지 않기 위해서 하는 행동이었는데, 그게 이해할 수 있는 일은 아니겠다는 생각이 들었습니다. 근데 그렇게 하면 분명 우리 군 피해는 줄어들었을 거예요. 한국군을 공격하면 보복이 분명히 온다, 그런 소문이 나면 한국군한테는 절대 저격하지 말라고 그랬을 거 아니에요, 자기들도."

유성원이 한탄과 한숨을 내쉬며 들려준 이 이야기 앞에서 나 역시 할 말을 잃고 주춤거릴 수밖에 없었다.

귀국박스 챙겨서 비행기 타고

유성원은 1973년 3월 23일, 씨레이션(C-Ration)과 군인들이 보던 TV 두 대를 귀국박스에 담아 한국으로 돌아왔다. 그의 위치와 직무를 고려했을 때 대단히 소박한 귀국박스였다. 1인당 하나의 귀국박스를 받았지만, 돈이 없는 병사들은 귀국박스 안에 넣을 물건을 살 수 없었다. 그런 병사들의 귀국박스는 돈이 상대적으로 두둑했던 하사관들이나 장교들에게 팔렸다. 당시 국내에는 전자제품을 만들 기술이 없었다. 남베트남에서 전자제품 비슷한 것이라도 들여오기만 하면 아주 희귀하게 여겼고 몇 배 이상의 이익을 볼 수도 있었다. 유성원도 이런 사정을 모르지는 않았지만 성격상 많이 챙기지는 않았다. 소각 명령이 내려져 있던 군납 TV 두 대를 쌌고, 남은 공간에는 전투 식량 씨레이션을 넣었다.

"부대에 소대 단위마다 흑백 TV를 다 줬어요. 근데 그걸 볼 수가 없잖아요. 월남 방송만 하니까. 각 부대에 놔뒀던 것들이 하도 오랫동안 안 쓰니까, 거미줄이 딱 슬고 그대로 묶여 있더라고요. 이제 귀국할 때쯤 되니까 그걸 전부 다 반납하라고 그랬어요. 저는 백마, 맹호, 십자성 세 개 부대를 관할하고 있었거든요. 반납을 다 받으니까 엄청나게 TV가 많죠. 산더미처럼 쌓아놓고 '어떻게 할까요?' 물어보니까 소각시키라고 그러는데 너무 아깝더라고요. 그래서 두 개 챙겼어요. 아주 보기 좋은 놈으로. 갖고 왔더니 친척 중에 TV 수리하는 사람이 하나 있더라고요. 그 사람한테 줬더니 잘 나온다고 그래서 팔아먹었어요."

그는 베트남도 한국처럼 남과 북이 나뉜 상태로 유지될 것이라는 생각을 하면서 철군했다. 1973년, 그가 고국에 돌아와서 맨 처음 밟은 땅은 부산에 있는 수영비행장이었다.

"상당히 큰 비행기를 타고 왔어요. 미군 여객기였는데, 비행기 한 대에 1개 중대 이상 탄 것 같아요. 화물은 밑에 따로 싣고요. 비행기가 여러 대 한꺼번에 와서 싣고 그랬어요. 한국까지 몇 시간 안 걸렸고."

미련 없이, 어렵게 한 제대

"장교가 월남에 갔다 오면 경력을 플러스 1년 더 쳐줘요. 그러니까 1년 있으면 2년으로 봐주는 거죠. 돌아오니까 서울 근교 부대에 작전 장교 자리가 예정되어 있었어요."

유성원은 전두환이 다시 부르겠다고 할 만큼 군 인맥이 좋았다. 참전 경험이 있는 장교로서 빠른 진급이 예상되는 위치이기도 했다. 그러나 그는 군을 나오기로 결심했다.

"제가 제대 신청하니까 많이들 의아해하면서 만류했어요. 그래도 나는 알잖아요. 저는 군대 자체가 적성에 맞지 않았어요. 생계를 위한 수단이었죠. 요즘 같은 시대라면 직업군인은 하지 않았을 거예요."

그즈음 군대에 '직업보도과'가 생겼다. 제대 장교가 많이 쏟아질 것을 대비하여, 그들이 안정적으로 사회 정착을 할 수 있도록 일정 기간 동안 교육을 지원하는 제도였다. 제대를 원하는 장교들은 자동차 정비라든가 회계학 같은 직업교육을 받은 후 제대할 수 있었다. 그는 그곳에서 회계학 교육을 받았다. 그뒤 고향으로 돌아와 결혼을 준비했다. 그는 군대 계급에 따른 위계질서가 관사 생활을 하는 장교 부인 사이에도 적용된다는 것에 강한 거부감을 느꼈던 터라 군 복무 중에는 결혼하지 않겠다고 결심해왔다. 제대를 했으니 새 삶을 시작하고 싶었다. 마침 고향 친구가 좋은 분을 소개시켜주었고 인연이 닿았다. 그의 나이 32세, 당시로선 늦은 결혼이었다.

제대 후 1년 동안은 어려움이 많았다. 10년 군 생활로 받은 퇴직금을 사기당해서 전부 잃었고 일자리를 구하지 못했다. 그러던 중 신문을 보다가 제대 장교 '교련 교사' 자격시험 공고를 발견했다.

박정희 정부는 '1·21 김신조 사건' 이후 학교에 교련 수업을 도입했다. 교련은 유사시에 고등학생을 병력으로 동원할 수 있도록 하는 군사학 교육 과목이다.

"교사가 갑자기 대대적으로 필요할 때였어요. 자격증 관계없이 군대에서 장교로 제대하면 막 채용을 했어요. 중위, 대위, 소령까지. 그러다 나중에는 퇴역 장교도 많고 교직에 들어가려는 사람들도 많아지니까 자격증 있는 사람만 교사로 발령했어요. 당시 이게 왜 유행이었냐고 하면 예비군 중대장은 봉급이 많지 않아요. 절반도 안 돼. 그러니까 예비군 중대장 하는 사람들이 전부 다 교련 교사를 하려고 했어요. 그때 지원자가 다른 과목은 거의 다 열 명 이내인데 교련만 200명이 넘었을 거예요. 그중에서 29명만 자격시험에 합격을 했으니까 경쟁이 치열했죠."

유성원은 그렇게 교련 선생님이 되었다. 첫 부임지는 전남 곡성에 있는 모교였다. 그곳에서 교사로서 삶을 새로 시작했다. 적성에도 맞고 제법 재미있게 지냈다. 5년 뒤에는 광주 외곽에 있는 한 고등학교로 발령을 받았다.

애들이 다치면 안 되니까
도청 앞에 가서 지키고 있었죠

"두 번째 학교에서 내가 학생과장으로 있었거든요. 애들이 잘 따른다고도 그러고 교장이 다행히 나를 잘 봐가지고. 그때는 과장을 서로 하려고 야단인 편이었어요. 그래야 승진이 되거든요. 근데 그때 5·18민주화운동이 났어요. 나는 매일 도청 앞에 나갔죠. 애들 집으로 돌려보내느라고. 뭐 옳다 그르다 그런 것보다 내가 학생과장이고 우리 애들이 다치면 안 되니까. 혹시라도 피해 입으면 안 되니까. 야, 너 여기 위험하니까 우선 집에 가라, 하면서 좀 막았어요. 그러느라고 도청 앞에 맨날 갔죠. 그러다 보니 저도 집에는 못 가고 도청 앞에 있는 거죠."

그에게 도청 앞에서 무엇을 보고 듣고 느꼈는지 물었다. 그는 처참했다는 것 이외엔 말을 아꼈다.

"처참했어요. 그 얘기는, 너무나 얘기들이 많으니까……. 세 번째로 간 학교도 광주 인근 고등학교였는데 거기서 만난 동료 교사는 5·18민주화운동 때 부인이 총에 맞아 죽었더라고요. 임신을 했는데, 임신한 부인이 총에 맞아서……."

부인을 잃은 동료 교사는 그후에도 사복 경찰로 보이는 사람들에게 지속적으로 감시를 받았다고 유성원은 전했다. 그가 수경사 경비대대에 근무할 당시 대대장은 전두환이었고 당시 전두환은 부하들에게만은 승진을 약속하는 지휘관이었다고 했다. 세월이 흘러 교련 교사가 된 유성원은 그가 몸담았던 군대의 폭력에 의한 죽음들과 상처 입은 사람들을 보았고, 그 거대한 국가폭력 앞에서 동분서주할 수밖에 없었다.

월남에서 온 교련 선생님

유성원은 현대사의 여러 혼란이 계속되는 중에도 자신이 맡은 일만큼은 늘 열심이었던 것 같다.

"그때만 해도 전남, 광주 합쳐서 교련 교사가 한 300명 정도 있었어요. 저는 교련교사협회 대표를 했어요. 그 사람들하고 같이 운영도 하고 연구도 하고 교련 지도안도 새로 만들었지요. 그전까지는 교과 체계가 없었거든요."

교련 수업에 대한 그의 노력은 무엇 때문이었을까. 타고난 성실성 때문인지, 공부 그 자체를 좋아하는 특징이었는지 알 수 없지만 그는 교련 교사 동료들이 수업을 잘할 수 있도록 이끌었다.

"저는 지도 보는 법 같은 걸 아이들한테 가르치려고 했어요. 지도를 보려면 지리를 알아야 하고, 생각을 하고 수학적 계산을 해야 하거든요. 교련 수업 시간이 아이들에게 실제적인 배움이 되도록 하고 싶어서 타협하지 않고 수업했어요. 그래서 수업 연구를 많이 했지요. 또, 교련 교사 임용고시가 생겨났거든요. 처음에는 교련 교사 숫자가 부족했는데 나라에서 자격증을 남발한 탓에 나중에는 교련 교사가 너무 많아져서요. 제가 임용고시 출제 교사를 자주 했어요. '광주·전남 교련교사임용고사 출제위원회'를 열고, 출제위원을 하게 되면 도에서 장학사가 한 명 나오고요. 저는 주로 문제 내는 일을 많이 했죠. 그럼 한 6일간 숙소에 잡혀 있는 거예요. 시험이 끝나야 우리도 같이 나오는 거죠. 그러다 보니 교재도 많이 썼어요. 교련 교사들 '수업안'이요. '표본 교재안'을 만들어서 선생님들한테 나눠주고. 문제 해결 방법도 알려주고. 그러다 보니 또 교련 장학사하고 저한테 일을 많이 시켜요. 내가 이런 걸 하니까 자꾸 더 하라고 장학사가 일을 많이 줬어요."

그의 이야기를 듣다 보니 유성원의 수업을 들은 이들에게 부러움이 인다. 교련 수업은 군부 지배 권력의 산물로서 많은 이들에게 괴로움을 주었지만, 유성원의 수업을 들은 학생들은 그 수업을 조금 다르게 기억하지 않을까. 교련은 1988년 대학에서 먼저 폐지됐고, 고등학교 교련 수업은 문민정부가 들어서고 1년 뒤인 1994년부터 군사훈련이 아닌, 응급처치와 안전, 건강 교육 등으로 점차 바뀌어갔다. 2002년도부터는 필수과목에서 선택과목으로 바뀌었고 2014년에 완전히 폐지되었다.

"완전히 없어진 건 2000년도 이후예요. 어떤 교과에서 선생이 부족하면 교련 교사를 대체 교사로 보냈어요. 많이 가는 과목이 과학, 사회, 지리, 주로 중학교 교사로 내려갔어요."

유성원 역시 '교련'이 폐지되자 한문 교사로 근무하게 됐다. 한문을 잘 가르치고 싶어서 향교에서 운영하는 유교대학에 등록하여 사서삼경을 읽고 쓰는 등 끝까지 책임과 성실을 놓지 않았다. 유성원은 공립고등학교 교련 교사로 1975년부터 2000년까지 근무했고, 2000년 교련 교과목 폐지 이후, 공립중학교 한문 교사로 아이들을 만나다가 2006년에 정년 퇴임을 했다.

후기

　　유성원이 망설이며 들려준 이야기를 나는 어떻게 마주해야 하는가 고민하곤 한다. 과거의 역사와 실수 앞에서 우리는 반드시 어떤 평가와 반성, 책임을 이어가야 한다고 생각한다. 한편, 삶과 죽음이 교차하는 나날 속에서 전쟁의 공포에 짓눌리며 하루하루 견뎌야 했던 군인들의 심리와 육체적 상황에 대해 오늘의 내가 너무나 쉽게 판단하고 평가하는 것은 아닐까, 혼란스럽기도 하다. 유성원은 이야기 중간중간 10년 남짓의 장교 생활이 힘들었다고 고백했다. 시대가 그러지 않았다면 그는 장교가 아닌 삶을 살았을까. 군대에서도 항상 공부에 몰두했던 그는 학생들을 만날 때에도 교재를 스스로 만들었고, 한문 교과를 맡은 후엔 학당에 가서 사서삼경을 배워 가르쳤다. '시대가 달랐다면……', 이 성립되지 않는 질문 앞에서 그의 이야기를 들은 나는 그에게 어떤 시대를 선물하고 싶은지 질문을 던져본다.

기록 | 이재춘

이재춘이 여섯 살에 찍은 이모의 결혼식 사진에는 구술자 안익순도 함께 있다.

안익순은 이재춘의 이모부의 작은아버지이다. 두 사람은 서로를 인식하지 못한 채

살아왔지만 이번 구술 활동을 계기로 다시 만나게 되었다. 40년 만에 다시 만난

이재춘과 안익순, 두 사람의 몸에는 전쟁의 흔적이 남아 있었다.

'전쟁'의
소리와 냄새가
아직도
나는 것 같아

**참전군인
안익순(1944년생)
이야기**

그해 가뭄이 아니었다면 안익순(82)은 전쟁에 나가지 않았을 것이다.
오형제 중 막내아들로, 아버지 없이 어머니와 네 명의 형들과 살던
안익순은 말년 휴가를 마치고 부대로 돌아가 파병을 지원했다.
야망이나 계획이 있었던 건 아니고 군대가 좋았던 건 더욱 아니다.
그저 딱 1년만 입을 줄이면 어찌 다시 버틸 수 있겠지 싶어서
하사 진급도 마다하고 한 지원이었다. 베트남에서는 공병대 트럭
운전을 하며 민간인 지원부터 시신 수습까지 다양한 일을 했다.
어느 날은 수십 구 시체를 치우다가 점심시간이 되어 씨레이션을
꺼내 입에 넣었다. 그때 바람에 실려 오는 시체 썩는 냄새에
코피를 터트린 적이 있다. 그 감각은 아직까지도 그의 몸에 남아
있다. 다행히 죽지 않고 살아 돌아왔고, 한국 현대사의 증인처럼
경부고속도로 건설 현장에서 잠 안 자고 일하면서 고속도로를
깔았다. 1980년 5·18민주화운동 당시에는 전남대 앞에서 동네
아주머니가 조준사격 당해 죽는 것을 목격했다. 속에서 천불이 났다.
가만히 있을 수 없어서 시위 현장 뒤에 따라다녔다. 그때 군인들이
사용한 총이 M16이었다. 한국군이 베트남전쟁 때 사용하고
포상처럼 받아 온 바로 그 총이었다. 안익순의 말을 참전군인 2세
이재춘이 들었다.

입이나 하나 줄여보려고 간
베트남

거뭇한 피부, 꽉 다문 입매, 말이 적고 뭐든지 툭툭 잘 고친다. 큰 소리로 말하는 법이 없고 입안에 말소리가 머물다가 삼켜지는 듯한 어투가 무뚝뚝해 보이면서도 뚝딱뚝딱 몸을 움직여 일하고 살핀다. 안익순은 25사단 포병부대의 155MM 곡사포 견인 차량 운전병이었다가 수송관의 추천으로 대대장 운전병이 되어 군 생활을 했고 제대 말년에 베트남전 파병을 신청하여 병장 계급으로 1년간 참전했다.

"밭이고 뭐고 다 말라붙어가 식량 나올 것이 없어."

1967년 하반기, 안익순은 제대를 앞둔 스물네 살 말년 병장이었다. 3년여 정도 군 복무를 하고 끄트머리에 받은 말년 휴가에 광주광역시 북구 중흥동에 있는 본가를 찾아갔다. 현재는 전남대 앞 주택가로 조성돼 있지만 50여 년 전에는 모두 논밭이었던 땅이다.

"나는…… 그때…… 제대하려고 (집에) 왔는데…… 저 뒷줄이 넘어지고 밭이고 뭐고 농사가 없어. 그때 비가 안 와가지고, 다 말라붙어가 식량이 나올 것이 없어."

1967년은 기록에 남을 만큼 지독하게 가문 해였다. 전라남도는 정도가 더욱 심해서 거의 모든 밭이 메말라 있었다. 안익순 씨네 논밭 사정도 다르지 않았다. 안익순은 거기에서 지독한 가뭄으로 논밭이 사납게 말라비틀어진 모습을 오래 쳐다봤다.

"그거 보니까 입이라도 하나 덜어야겠다 싶고……. 먹고살 길도 없고 집에 가봤자 사는 것도 힘들고 그러니까. 한번 가볼란다고 그랬지, 베트남에."

느릿느릿 쉼이 많은 말들 사이에서 그의 성격과 회한을 엿보게 된다. 그는 부대에 복귀한 후 파병을 신청했다. 의무복무기간을 다 채운 말년 병장을 전쟁터로 보낸다는 것은 이례적인 일이었지만 많은 병사들이 베트남으로의 파병을 기피하는 상황에서 군은 이를 받아들였다.

"베트남 가고 싶다고 얘기하니까 미친놈 아니냐고 그래. 대대장이 뭣 하러 가려고 하느냐고. 일단 여기 실정이 안 좋아서. 1년 정도 있다 오면 더 낫겠지 하고. 나 갈 때도 다들 안 가려고 하더라고. 나는 이미 숙달돼 있으니까."

그는 가족에게 파병 간다는 것을 알리지 않고 베트남에 도착해서야 집으로 편지를 써서 참전 사실을 알렸다.

오래 있고 싶지 않아서
진급도 거부했지

그는 1967년 11월에 닌호아로 갔다가 1968년 10월까지 약 12개월 동안 베트남에서 군 복무를 이어갔다. 병장 계급을 달고 백마부대 공병대 운전병으로 연장 근무를 하는 형식이었다. 하사관을 하면 혹시나 장기 근무를 해야 할지도 모른다는 생각에 진급을 거부했다.

"월남 가서도 그거 하사 달으라고 인사계가 부르길래 내가 그냥 놔두라고 했어요. 지금 생각해보니까 멍청한 얘기네. 달으라면 달걸. 돈을 조금 더 주거든. 그냥 병장으로 있다 왔제."

부산에서 출항하여 일주일간 LST 배를 타고 베트남에 닿았다. 그는 첫 도착지에서부터 생존을 위해 싸워야 했다. 백마부대 공병대가 있던 닌호아에 큰 전투가 벌어져서 육지에 상륙할 수가 없었다. 총성과 폭음을 들으며 하룻밤을 배에서 대기했다.

"죽는 줄 알았지 뭐. 그때 막 닌호아에서 전투가 있어가지고. 배를 갖다 못 댔어. 저 멀리서 막 밤에 전투 중이기 때문에 배가 못 들어가고 그 이튿날 오후 2시경엔가 들어갔어."

밤새 이어지는
귀를 찢을 듯한 소리

그에게 베트남에서의 기억을 물어보았을 때 가장 먼저 나온 이야기는 끊이지 않는 대포 소리였다.

"그 뚜이호아에서는 밤새 포를 쏘더라고. 어디서 따발총 쏘듯이 포를 밤새 쏴버려. 무슨 포탄이 얼마나 많이 있길래⋯⋯. 하도

궁금해서 내가 차 끌고 아침에 포대를 가봤어. 그랬더니 온 연병장에 포탄이 있는데, 미군들이 그 새벽에 날 새기 전에 다 실어서 갖다 둔거야. 밤에 작전하니까. 진짜 놀래부렀어."

안익순은 베트남에 가기 전 한국에 있을 때, 부대에서 5-6톤에 달하는 155MM 견인 곡사포[8]를 이동시키는 차량을 운전했었다. 아마도 그는 그러한 대규모 포사격이 어떤 파괴력을 갖는지 이미 잘 알고 있었을 것이다. 그는 그 엄청난 위력의 곡사포들을 대규모로 밤새 쏘아댔다는 것에 몹시 놀랐다.

"내가 그래서 놀래부렀다니까. 아이고, 한시에 따발총 쏘듯이 포탄을 쏘길래, 아니 포탄이 얼마나 많이 있어서 그렇게 쏘냐 하고 아침에 내가 갔더니 진지 안에 한가득 포탄을 갖다가 세워놨어. 아, 아침 6시도 안 됐는데 새벽에 어떻게 실어 왔을까. 그렇게 많이. 정말 놀래부렀어."

그는 무시무시한 포성 이야기를 길게 여러 번 되풀이해서 말했다. 마치 어제 일인 것처럼, 다 기억하고 있다는 듯이, 그 무시무시한 대포 소리에 대해 '놀래부렀다'라는 말만으로 다 표현하기 힘들다는 느낌을 담아 반복적으로 말했다.

8.
포탄을 곡선으로 발사하는 대포.

그 썩은 냄새를 맡으니까
코에서 코피가 나와버리더라고

안익순이 베트남전쟁에 대해 두 번째로 언급한 것은 시취이다. 몸에 새겨진 시체 냄새.

"한번은 뭐야. 시장(市長, 남베트남 행정공무원)이 그 시체를 주워 모았는데, 묘지를 만들라고. 사람들이 그때 한 150명, 그렇게 많이 죽었을 거야. 그래서 한꺼번에 갖다 다 묻으려고. 인자 민간인도 죽고 베트콩도 죽고 그랬지."

대규모 포사격을 한 뒤에는 공병대 1개 소대가 포격 지역에 들어가서 시신들을 수습했다. 그는 시신 수습에 세 번 나간 걸로 기억한다.

"전날은 밤새도록 포를 쏴놓고 아침에는 공병들 투입시켜. 그래갖고 갔는디 인자 본인들은 시체 보면 수습하지도 않고 공병들하고 그 민간인들하고 해서 (시신들을) 갖다 모아놓고 있어. 흙으로 덮을 때는 그 전에 휘발유로 한번 싹 태워가지고 불로 지진 뒤에 덮었거든. 근데 그거 묘지 하러 가서 점심시간에 식사를 하는디, 바람이 요쪽에서 부니까 저쪽에 가서 먹었는데. 아니, 바람이 쏙 불어부러갖고 우리 군인들 쪽으로 불더만 그 냄새를 한번 맡아가지고는. 그냥 그 썩은 냄새를 맡으니까 코에서 코피가 나와버리더라고. 입맛은 무슨. 그 시체 썩은 냄새가……."

그는 그때 맡은 냄새에 대해서도 반복적으로 이야기했다.

"그렇게 독해. 사람 썩는 냄새가. 시신 중에 한국군은 없고 베트남 민간인인지 베트콩인지 정규군인지도 모르고. 경계석 해가지고 묘를 수십 명씩 묻어놓고 오게 됐어요."

안익순이 공병으로 겪은 일들이었다. 당시 하달받은 정확한 직무 내용은 기억에서 지워진 듯했지만 몸에 새겨진 이야기는 잊을 수 없는 듯 보였다.

"아휴, 지금도 어떤 때는 그 냄새랑 소리가 나는 것 같다니까요."

타국의 바닷가, 고엽제와 사격훈련

안익순은 베트남에서 주로 백마부대 공병대 트럭 운전을 맡았다. 한국군 막사를 짓고, 민간 지원 임무 수행을 위해 공공건물, 학교나 관청 등을 수리해주는 일도 했다. 미군 부대에 가서 건설 자재를 받아오는 일도 그의 임무였다. 군용 트럭을 운전하는 그는 깜란 미군기지에서 식사도 해보고, 바닷가 풍경을 봤던 기억이 있다. 한국군 병사에게는 휴가나 외박이 아예 없던 시절, 나름 그 안에서 누린 그만의 호사였다.

주둔지에 있을 때는 시야 확보를 위해 부대 주변 정비 작업도 했다. 고엽제를 살포하는 일이었다. 그때는 약의 독성을 전혀 알지 못했다. 주둔지 위쪽 산에 저격수가 있을 수도 있었기에 항상 긴장하고 경계하며 뛰어다녔다. 보통 보병부대는 2주에 한 번 사격훈련을 하게 돼 있지만 그는 공병대에 속해서 1년 동안 단 세.번 사격훈련을 했다. 그는 사격훈련 도중 총알이 나가지 않아 놀랐던 기억이 있다.

"(사격) 성적이 얼마나 되나 보려고. 세 번 총 갖고 하다 보니까 M16이 격발이 안 돼. 한국 같으면 그걸 평소에 수입(手入)해라, 닦아라, 그러는디 거기서는 그런 사람이 없으니까 총을 그대로 놔둬부러갖고 녹슬었어. 그니까 총 쏠라는데 안 되야부러. 그때 격발이 안 돼서 얼마나 놀랐는지 몰라. 당장에 내가 죽는데."

경부고속도로 끝내고
현대조선 터 닦고
공장 지으며 살아온 노동자

안익순은 군대에서 계속 운전병을 했지만 정작 군대에 있을 때는 운전면허가 없었다.

"그때는 운전면허증 같은 거 안 땄지. 군대 가서 뭐 그거 필요 없지. 우리 부대가 운전 창고 부대라서 그냥 거기서 배워서 했어. 제대하고 나서는 우리집이 방앗간 했으니까 호구이[9]를 잘하면 먹고살 수 있긴 했어. 직장이라는 게 따로 없고 그런 일을 했는데, 군

9.
허드렛일.

대에서 운전 배워갖고 왔으니까 나와서는 시험 봐서 땄지."

1968년 11월, 그는 제대 후 현대건설 소속으로 경부고속도로 건설 현장에서 일했다. 경부고속도로는 1968년 2월 착공해 1970년 7월 완공되었는데 규모에 비해 공사 기간이 무척 짧았다.

"이제 그때 제대해 가지고 집에서 이러고 있는데. 우리 친구 놈이 현대건설 현장에 가서 일하더라고. 나도 같이 경부고속도로 일했지. 처음에는 천안-서울 구간. 서울서부터 내려갔어."

"공사 초기였제. 토목공사는 내가 들어가기 전에 거진 다 됐더라고. 그니까 나는 아스팔트 실어다가 깔고. 아스팔트 그런 것은 밤낮없이 싣고 다니니까 잠을 안 자고 일했어. 밤낮이 없어. 계속 일하는데 하루는 잠이 어떻게 와가지고 도저히 못 가겠어. 길 한쪽에서 딱 잠자고 있는데 정주영 회장이 와서는 이것만 갖다 버리고 내일 아침에 실컷 자고 나오라고 하더라고. 정주영 회장은 자주 봤어. 또 울산-언양 간 고속도로 공사 때도 그랬어. 어떻게 졸리던지. 또 세워놓고 자다가 걸렸는데 탁탁 두드려 깨우면서 이거 갖다 버리고 들어가서 자고 오라고 하더라고. 한번은 정주영 회장이 언양 간 개통식 할 때였는데, 나는 운전하고 뒤에 돌들이랑 사람 한 열댓 명 싣고 있었지. 정주영 회장은 내 옆에 앉아서 가는데 경사진 데서 돌들이 탁 떨어졌어. 내가, 가서 치우고 올게요 하고 서니까 정 회장이 가만히 있어, 이쪽에 가만히 있어, 내가 가서 치울라니까, 하더라고. 정 회장이 힘이 겁나게 좋아요."

안익순은 현대건설 공사 현장에서 고(故) 정주영 회장과 마주쳤던 일들을 특별하게 기억하고 있었다. 건설 현장에서 일했던 일화를 이야기할 때는 마치 그 시절로 돌아간 듯한 표정을 지었다. 그때의 노동은 진정한 '그의 것, 그의 시간'인 것만 같았다. 그는 경부고속도로 건설에 참여한 후에도, 1972년 10월 유신(維新)과 1973년 1월 '중화학공업화선언'에 맞물린 중화학공업화 정책 과정의 건설 현장에서 지속적으로 일했다.

"경부고속도로 끝내고는 현대조선에 가서 터 닦고 새로 공장 짓고 했지. 거기서 근무하다가 그만뒀어요."

안익순과 5·18
그리고 소총 M16

1970년대를 건설 현장에서 보낸 그는 자녀들이 성장함에 따라 잦은 이사를 하는 것이 힘들어져 광주로 돌아왔다. 그때부터 지금까지 안익순은 전남대학교 정문 가까이에 있는 집에서 살고 있다.

1950년대 후반에 전남대가 캠퍼스를 확장하면서 안 씨 일가가 많이 살던 앞마을이 강제 수용됐고 그때 집을 내준 사람들은 보상으로 대학 근처 토지를 받았다. 많은 이들은 그 토지에 집을 새로 짓고 옮겨 살았다. 안익순도 귀향 당시 지었던 집에서 지금껏 살고 있다.

그는 1980년, '5·18민주화운동'을 직접 몸으로 겪었다. 집 앞마당에서 동네 아주머니가 계엄군의 총격으로 살해당하는 것을 목격했다. 지금 그가 살고 있는 집과 큰형님이 사는 집 사이, 약 30-40미터 거리에서 일어난 일이었다. 그건 M16 자동소총의 조준사격에 의한 죽음이었다. 현장을 목격한 그는 분개했고 가만히 있을 수 없어서 가족들 모르게 집회에 참여했다. 지금도 그 현장을 생생히 기억하고 있다.

"현대건설 그만두고 왔을 때도 데모하고 5·18민주화운동 때도 도청 앞에 나가서 같이 따라다니면서 했는데, 군인들 못된 자식들이 우리 집 있는 데에서 저 평화시장 쪽으로 총을 쏘더라고. 우리 아주머니가 죽었어, 동네 아주머니가. 글쎄, 한 놈 새끼가 조준사격 하더라고. 군인들이 총을 들고 있으니까 내가 가서 막을 수도 없고. 그때는 데모하면 상당히 고약하게 괴롭히고 가족한테도 해코지할까 봐, 앞장서서 할 형편도 안 되고. 뒤에서 따라다니기나 하고 말았제."

한국은 베트남전쟁 참전 대가로 관련 기술 이전 및 미국 콜트사의 M16총 라이센스 생산 공장을 갖추고 싶어 했지만 미국에 의해 좌절됐다. 한국군이 처음 베트남에 도착했을 때는 제2차 세계대전과 한국전쟁에서 사용됐던 M1 개런드 소총과 M1 카빈 소총[10], M1919 기관총을 그대로 들고 갔었다. 그래서 한국군은 기존 참전 인원이 한국으로 돌아갈 때 수송선에 M16을 공

10.
carbine. 총길이가 짧고 가벼운 총.

공연하게 빼돌렸다. 새로운 인원들이 M16을 다시 미군에게 공여받는 방식이었다. 1975년에 남베트남이 패망한 이후, M16 소총 공장이 한-미 합작으로 건설될 수 있었다.

정확한 시기를 특정하기는 힘들지만, 일반 기업이 아닌 육군 조병창에서 콜트사의 M16A1을 라이센스 생산했다. 결국 1980년 5·18 당시 한국군이 갖추고 있던 M16A1은 모두 베트남전쟁과 연관되어 획득한 총기들이었다. 그는 다시 돌아온 광주에서 그 총기들이 한국의 시민들을 향해 조준사격되는 것을 목격해야 했다.

일구고 가꾸어온 한 남자의 삶

군대에서 운전을 한 이후, 베트남과 현대건설, 여러 건설 현장에서 운전대를 잡아온 그의 마지막 직업은 버스 운전사였다. 대성버스 소속 버스 운전사가 되어 정년까지 20년 넘게 나주-광주 간 좌석버스를 운전하며 생계를 이어갔다. 정년퇴직 이후에는 농사를 지으며 살고 있다.

"버스 일이 힘들어요. 손님한테 뭐 잘못하면 절대 안 되고. 손님들에게 친절해야 되고. 버스를 20년인가 22년인가 했는데 정년 되니까 그만뒀지요."

전쟁의 흔적,
몸의 감응

안익순은 말수가 적었다. 질문에 짧게 답하며 특유의 전라도 억양이 묻어나는 사투리로 느리게 말을 이어갔다. 목소리의 높낮이도 표정에도 큰 변화가 없었다.

"긍께 고걸 밥 먹고 나서 가만히 있어불면, 내가 약을 먹었나 안 먹었나, 인제 뇌 기능도 떨어져부는갑서. 인자 나이가 많으니 기억력도 상실되고 힘들어."

그는 현재 고혈압약과 심장약을 복용 중이다. 약 18년 전 심장에 스탠트 시술을 네 군데 받아야 했고, 그로 인해 고엽제후유증을 인정받아 국가유공자가 되었다. 몇 해 전에는 전립선암 수술을 했다. 그의 몸은 다시 고엽제 관련 법령에 따라 신체등위가 정해졌고, 그것은 그의 연금 수령액을 조금 올려놓았을 뿐이다. 이제 걷는 것조차 상당히 불편해졌다. 그럼에도 고통받는 몸에 대해 그는 참 무던하게 말했다.

"제초제(고엽제)를 비행기로 뿌려버려. 그리고 또 짐통에다 지고 부대 주변에 거의 제초제 뿌리고. 그러니까 그걸 모르는디 뭐야, 아무것도 모르고 난 나왔는데. 심장 검사를 했더니 심장이 막 지금 막혔다고 스프링(스탠트, stent)을 느야 된다고 해서 지금 네 군데나 넣었어. 그 뭐야, 고거 안 넣었으면 진즉 죽었을 거야."

그는 자신이 고엽제후유증으로 인한 국가유공자라는 사실

을 가장 최근 만남에서야 알려줬다. 국가유공자라는 게 그렇게 중요하지도 대수롭지도 않다는 듯이……. 그는 그저 묵묵히 자신이 할 일을 찾아서 할 뿐이다. 농사에 대한 것이든, 전기 설비에 관련된 것이든, 고장 난 기계에 대해서든 자신이 직접 문제를 해결하고 자신의 힘으로 손보며 살아온 삶이다.

후기

그의 자택에 방문할 때마다, 그는 보행장애가 있는 나를 전남대 뒤쪽에 있는 내 집 앞까지 자신의 자동차를 운전하여 데려다주었다. 마치 당연히 자신이 해야 하는 일인 것처럼. 그가 운전하는 차에서 나는 여러 생각이 들었다. 군대에서 시작된 그의 운전과 그의 삶에 대해. 여전히 그는 자동차 운전석에서만 볼 수 있는 가장 편안하고 여유로운 표정으로 평생 자신과 함께 해온 운전대를 잡는다. 그의 자리는 항상 운전석이어야만 할 것 같은 느낌이다. 지금도 운전석의 그는 언제나처럼 기민하고 여유롭다.

2025년 초, 겨울 끄트머리에서 다시 만난 안익순은 건강이 좋지 않아 보였지만 묵묵하게 평생 자신의 삶을 성실히 살아왔듯이, 그 삶 궤적 그대로 농사에 골몰하며 살고 있었다. 안익순은 내가 처음 만난 병사 출신 참전군인이었다. 나는 아버지의 군 동료였던 장교 출신 참전군인을 많이 봐왔다. 장교 출신들은 본인의 직무와 취했던 행동 및 과정에 대해서는 상세한 기억을 갖고 구조적 설명을 해주었지만, 그 당시 스스로 가졌던 감정과 감각에 대해서는 잘 드러내지 않았다. 그때의 느낌과 생각, 심리적 상태에 대한 이야기가 생략된 경우가 많았다. 그에 반해 안익순은 강렬했던 몸에 새겨진 감각들을 반복적으로 이야기해주었다. 언어화되기 힘든 몸에 새겨진 강렬한 감각들.

　전쟁 경험을 듣기 위해 그를 만나기 시작했지만 그가 겪은 삶의 무게는 전쟁 경험만으로 단순하게 환원되지 않는다. 그의 이야기는 한 개인의 이야기에 그치는 것이 아니다. 삶을 관통해 드러나는 역사의 한 조각이 그의 몸을 통과해오고 있었다.

기록 | **석미화**

오랜 시간 현장에서 평화운동을 하며 베트남전쟁에 연루되어온 활동가다. 청와대 앞 1인 시위에서 우연히 만난 류진성을 소위 '베트남전쟁 시기 한국군에 의한 민간인 학살 진상규명 운동' 판에 소개한 장본인이기도 하다. 어느 날부터 광장에서, 법정에서, 국회에서 여러 행사와 공론장에서 류진성을 만나고 있다. 증언 이후, 류진성이 가해를 성찰하는 참전군인으로 대표되거나 소비되는 것은 아닌가 복잡한 마음이 들곤 한다. 군의문사진상규명위원회, 평화박물관, 한베평화재단 등에서 일했다. 아카이브평화기억을 만들었고 베트남전쟁과 평화를 주제로 연구와 활동을 이어가고 있다.

전쟁을
기념한다는 게
말이 되나

참전군인
류진성(1946년생)
이야기

스스로를 깡패 출신 첨병이라고 소개하는 류진성(80). 그는 해병대 출신의 국가유공자다. 베트남전쟁 상이군인, 무공수훈자, 고엽제 피해자, 참전유공자. 모두 그를 칭하는 말이다. 그는 오랜 시간 상이군경회에서 활동하며 주위 동료들과 돈독하게 지냈고 조직의 변화와 발전을 위해 일했다. 적어도 '시민평화법정'에 증인으로 나서기 전까지는 말이다. 그는 응우옌티탄 씨가 대한민국을 상대로 낸 국가배상소송에서도 1968년 퐁니마을 사건을 증언했다. 그는 왜 이런 선택을 했을까.
류진성의 삶과 사유는 평화활동가 석미화가 기록했다. 그는 류진성이 증언자로서만 소비되는 것이 아닌가 내내 고민해온 이다. 그들의 대화 속에는 참전군인 류진성뿐 아니라 반려인, 체육인, 그리고 도시 텃밭 농부가 담겨 있다. 자부심 강한 해병대이자 엄한 아버지가 무서웠던 어린 장남의 얼굴도 담겨 있다. 국가를 사랑하는 시민의 모순된 마음도 함께.

종종 양천구 국가유공자회 사무실을 찾는다. 참전군인 류진성이 사무실로 쓰는 공간이다. 양천아파트 단지 한편에 자리 잡은 컨테이너 사무실은 은정초등학교와 담벼락을 마주하고 있다. 류진성은 종종 이곳에 나와 시간을 보내거나 손님맞이를 한다. 컨테이너 옆 그늘진 땅에 손바닥만 한 텃밭도 일군다. 손수 키운 쌈 채소에 고기 한 점 올려 주변 사람들과 나누는 게 소소한 낙이자 일상이다. 사무실 문을 열고 안으로 들어가면 정면에 커다란 현수막이 제일 먼저 눈에 들어온다. "핵 없는 세상! 전쟁 없는 세상! 평화로운 세상!" 그의 명함에도 같은 글이 쓰여 있다.

부지런한 상이군인

류진성은 월남에서 매복 작전 중 수류탄이 날아와 복부와 다리를 크게 다쳤다. 그로 인해 상이 2급 판정을 받고 평생 건강을 돌보며 살고 있다. 그가 건강을 지키는 비결은 매일 오전에 세 시간 동안 운동을 하는 것이다.

"전부 운동으로 극복하고 단련하고. 나한테 기회가 왔는데 건강이 허락지 않으면 얼마나 애절하겠어. 건강은 내가 유지해야지."

그는 몸보다 더 단단한 마음을 가진 것 같다. 운동과 함께 중요한 일과는 하루에 두 번, 함께 사는 반려견 '아로'를 산책시키는 일이다. 그는 먼저 키우던 반려견을 하늘로 보내고 난 후

노란 털을 가진 포메라니안 '아로'를 식구로 맞았다. 유기견이었던 '아로'를 위해 류진성은 하루 두 번의 산책과 강아지 반신욕을 빼놓지 않는다.

그는 작가 조정래의 열렬한 팬이기도 하다. 소설『태백산맥』은 그의 생각도 인생도 바꿔놓았다.

"나는『태백산맥』보면서 많은 걸 느꼈어. 내가 다녀온 월남전이 뭣도 아니었다는 것도 그 책 보면서 깨달았어. 괜히 남의 나라 통일 전쟁에 끼어들어서 훼방이나 논 거야. 그래서 내가 조정래 선생 책은 다 봤어. 단행본이고 뭐고.『정글만리』까지 다."

그는 김훈, 김주영 작가의 책도 즐겨 읽는다며 주변 사람들에게 권유하기도 한다. 이들의 소설을 통해 자신이 어떤 시대적 맥락에 놓여있었는지, 베트남전쟁에서 겪은 폭력과 계급, 삶과 죽음은 무엇이었는지 다시 생각해 보게 되었다고 전하면서.

우리가 잘못했지
사과해야지

내가 처음 류진성을 만난 건 2017년 겨울, 청와대 분수 광장 앞에서였다. 몇 겹씩 옷을 끼여 입어도 찬기가 가시지 않는 추위였다. 나는 그해 9월부터 베트남대사관 앞에서 일인 시위를 하다가 10월부터는 청와대 분수 광장으로 자리를 옮겨 시위를 이어갔다. 한글과 베트남어로 '미안해요 베트남'이라는 제목과 내용을 적은 커다란 피켓을 들었다. 베트남전쟁에서 한국군에 의한 민간인 학살이 있었다는 내용과 그에 따른 진상규명을 요구하는 글들이었다. 2018년 봄이 올 때까지 여섯 달 동안 그곳에서 꼬박 겨울을 났다. 나는 직접 시위에 나서기도 했고 다른 활동가들과 번갈아 일인 시위 주자를 보조하기도 했다.

청와대 앞 광장은 수많은 목소리가 모이는 곳이었다. 기자회견도 자주 열렸고, 한국 사회가 안고 있는 뜨거운 문제를 만날 수 있었다. 일인 시위를 오래 하다 보니 익숙한 얼굴들이 하나둘 생겼다. 피켓이 안 보이는 날엔 서로 안부를 걱정하기도 했다.

나는 한국을 찾는 베트남 관광객이 많다는 사실을 그때 처음 알았다. 청와대를 구경하러 온 베트남 관광객들은 익숙한 언어를 만나고는 걸음을 멈추고 한참 동안 우리 피켓을 읽었다. 그리고 난 후 우리와 사진을 찍자고 하거나 감사 인사를 했다.

뜻하지 않은 만남은 광장에 서는 동안 계속됐다. 어느 날, 군복 입은 할아버지가 우리와 멀지 않은 곳에서 일인 시위를 하고 있었다. 나는 자동으로 긴장했다.

'딴지 걸면 어쩌나. 모르는 척하는 게 상책이겠지.'

하지만 이미 우리 피켓을 본 모양이었다. 그는 한쪽 다리가 불편한 듯 느린 걸음으로 다가왔다.

"우리가 잘못했지. 사과해야지."

귀를 의심했다. 나는 조심스럽게 전쟁 다녀온 이야기를 물었다. 그는 1967년 청룡부대 전투병으로 베트남전쟁에 참전했다며 전장에서 겪은 이야기를 차근히 들려줬다. 첨병이라 늘 앞줄에 섰다고 했고, 어느 날 도로 정찰을 나갔을 때 마을 사람들이 도로 양옆으로 시신을 늘어놓고 항의하던 장면을 잊지 못한다고 했다. 그때 평생 느껴보지 못한 두려움과 공포를 느꼈다고 말했다. 그가 들려준 이야기가 1968년 퐁니마을 사건일 것이라는 생각이 들었다. 나는 그에게 연락해도 되는지 물었고, 그 또한 명함을 건네며 흔쾌히 허락해주었다. 그렇게 참전군인 류진성과의 인연이 시작되었다.

형식은 지원이지만
실은 차출이나 마찬가지

류진성은 1946년, 전주에서 육남매 중 둘째로 태어났지만 아들로는 첫째였다. 교장 선생님이었던 아버지는 자상한 분이었는데 유독 장남이었던 그에게만 몹시 엄했다. 훈육이라는 이름으로 매질도 했다. 태몽이 좋고 기골이 좋았던 장남에 대한 남다른 기대 때문이었다고 후에 그의 아버지는 말했지만 어린 류진성은 반항심이 들었다. 오히려 더 뒷골목 생활이라 할 만한 일에 빠져들었다. 그것이 문제가 되어 군에 입대하는 계기로 작용했다. 이왕 하는 것 '남자답게' 해병대를 지원했다.

류진성이 아버지와 갈등을 일으킬 때마다 감싸준 이는 외할머니였다. 외할머니는 류진성이 베트남전쟁에 가자 날마다 조왕물을 떠 놓고 무사귀환을 빌었다. 류진성은 외할머니의 정성 덕에 자신이 살아돌아온 것 같다고 생각한다.

류진성의 형제들도 한 명 빼고는 모두 해병대와 연을 맺었다. 그 중 둘째 동생과는 베트남의 전쟁터에서 만나기도 했다.

"내가 오지 말라고 그렇게 말했는데, 이 자식이……."

작전 중 부상을 입고 경비 중대에 임시 배속되었다가 신병 인수를 나갔을 때 형을 부르는 익숙한 소리에 돌아보니 둘째 동생이 눈앞에 서 있었다. 당황했다. 오지 말라고 신신당부했건만 기어이 월남에 온 둘째 동생은 고엽제 피해를 얻어 오래 앓다가 몇 해 전 세상을 떠났다.

"그때가 많이 죽을 때거든. '안 와도 돼, 형이 가 있으니까' 했는데 안 온다던 놈이 지원해서 온 거야, 해병대를. 우리는 육군은 없어. 셋째는 해군사관학교를 다녔거든. 해병대를 오지 마라. 해병대 지원하지 말고 해군으로 가라. 그래서 해군으로 간다고 해놓고는 아, 이놈도 또 해병대를 지원해가지고 왔네. 그래서 중령으로 예편했지. 그놈은 해사 26기."

류진성에게 해병은 명예이고 긍지이고 자랑이다. 그는 해병대 187기다. 해군사관학교를 졸업한 셋째까지 따지면 사 형제 중 셋이 모두 해병대다. 그러나 그는 베트남에 간 것이 온전히 스스로 선택한 것만은 아니었다고 말한다.

"진해에서 훈련받고 진해 경비대로 빠졌어. 포항 사단인가 그래. 진해 통제부에 있었는데 청룡1진은 강제로 보냈어. 전략이 바뀐 거지. 국가 차원에서 배를 곯리고 노상 훈련시키고 기합 많이 넣고. 못 견디게 해서 지원하게 만들었어. 그렇게 해서 2진부터는 명색이 지원이야. 형식은 지원이지만 실은 차출이나 마찬가지지."

1965년 10월, 한국군 전투부대가 베트남에 갔다. 방식은 해병여단 병력 전체 차출이었다. 이후 추가 파병은 지원이나 차출, 혹은 지원의 형식을 띤 차출이었다.

과거에 내가 만났던 한 참전군인의 이야기가 떠올랐다. 그역시 여단 차출로 월남을 다녀온 경우였다. 당시 그의 부모는 아들에게 도망하라고 성화했다. 국가의 명령이라지만 본인 의지와 상관없이 전쟁터에 가게 된 자식을 보자, 부모는 그에게 도망쳐 나와 가까운 인천의 친척 집에 숨어 있으라고 권했다. 불과 10년 전 한국전쟁 난리를 겪었던 부모는 월남이란 나라가 얼마나 먼 곳에 있는지는 모를지언정 전쟁이 얼마나 무서운 것인지는 잘 알고 있었다.

더구나 그 시절은 지금 우리가 말하는 '병역기피'나 '탈영'과 같은 법과 제도가 정착되기 전이고, 그 너머의 선택도 가능한 때였다. 또 해병대는 의무가 아닌 지원해서 뽑혀야 들어갈 수 있는 곳이라, 훈련이 힘들면 도망가도 그만이었다. 전쟁 안 가겠다고 도망친다는 걸 누가 말릴 수 있었을까. 그러나 대부분의 청년들은 '국가의 부름'과 '명령'이라는 거부할 수 없는 상황 속에서 그렇게 다들 월남으로 갔다.

가난한 시절이었고 군대는 고달팠다. 너무 많이 맞고, 배고 프고, 춥고 힘들어서 밥이라도 배불리 먹자는 생각으로 월남에 갔다는 이도 있었다. 류진성도 그랬다. 명색은 지원이었지만 선택이라 할 수 없었다.

그래도 전쟁터가
정이 들어가지고

"나는 이등병 때 지원했고 월남에서 일병부터 상병, 병장까지 달았어. 계급을 전쟁하면서 달았지. 원래 내가 깡패 출신이었거든. 훈련소에서도 선두에 서서 향도병을 했어."

주먹깨나 써서 아버지를 마음고생시켰다는 류진성은 군에서도 '왕초'였다. 해병대에 입대해 훈련소 시절부터 반장 선임하사 해병이었던 류진성은 군 생활 내내 항상 앞줄에 섰다. 전장에서도 그랬다. 그는 첨병이었다. 그는 스스로가 전쟁을 잘했다고 말한다.

"내가 잘했어. 첨병만 섰다니까. 첨병이 뭐냐! 중대를 중대장이 지휘하는 게 아니야, 해병대는. 첨병이 지휘하는 거야. 맨 앞에 서는 첨병이 판단하고 지휘하는 거야. 중대장은 가운데 폭 파묻혀서 있어, 안 죽으려고. 그러니까 사실상 부대를 지휘하는 건 첨병

69

이야. 첨병이 앞에 서서 위험 요소를 감지하는 거야. 그래서 전진시키고 중지시키고, 이걸 첨병이 다 지휘하지."

그는 해병대 특성상 위험한 작전을 많이 나갔다. 부대 인원이 많은 곳은 적군을 멀리서부터 감시, 포위하는 방식 등을 써서 상대적으로 위험이 덜한데 비해, 류진성이 속한 부대는 헬리콥터를 타고 가 적진 한가운데 던져놓는 방식이라 위험했다.

계급을 전쟁하며 달았다는 말은 빈말이 아니었다. 처음으로 부상을 입어 후송된 뒤에도, 그는 몸을 추스르고 곧장 원대 복귀해 전투를 치렀다. 보통 부상자들이 퇴원 후 경비 중대나 후방에 재배치되는 것과는 다른 선택이었다.

"그래도 전쟁터가 정이 들어가지고. 내가 가야 부하들도 살려."

이게 전쟁이구나, 엄청난 전쟁범죄구나!

2017년 청와대 광장에서 류진성을 처음 만났을 때, 그가 처음 꺼낸 이야기는 1968년 2월, 베트남 1번 국도변에 있는 마을을 지날 때 본 장면이었다.

"내가 첨병이니까 도로 정찰 할 때도 맨 앞에서 갔지. 10미터 간격씩 1열 종대로 가. 근데 저쪽에서 마을 사람들이 막 그냥 울부

짖고 소리치고 주먹을 휘두르고 그래. 한 200명 모여 있었을 거야. 우리가 가니까 막 삿대질하고 그래. 무슨 말인지 못 알아듣지. 아마 욕을 했겠지. 나는 그때 무슨 일인가 몰랐어. 비켜주지를 않으니까 총 개머리판으로 맞대응하면서 눈 부릅뜨고 지나갔지. 개머리판으로 밀어내면서. 내가 약한 모습 보이면 안 돼. 거기서 그냥 뭐 뒤에서 칼로 찔러버리면 죽는 거지. 막 독기 어린 눈으로 쳐다보는데 아, 등골이 오싹하고 정말 순간적으로 별생각이 다 들더라고. 그때 보니까 마대 위에 시체들이 죽 놓여 있었어. 나중에 도로 정찰 마무리하고 돌아올 때는 싹 치워져 있더라고. 그래서 알았어. 부대가 시끄러웠지. 월남 정부에서 공식적으로 항의해서 조사반 나오고 그때 중대장이 조사 많이 받고 그랬어."

류진성은 그 일이 15개월 파병 기간 중 가장 가슴 아픈 기억이자 잊히지 않는 순간이라고 말하곤 했다.

"야, 이게 전쟁이구나. 그게 엄청난 전쟁범죄지. 그렇지만 남의 나라에 의존해서 국가를 방어하고 그런 처지에 베트남 사람들이 어디에다 항의할 수 있었겠어. 그래서 어떤 경우든 전쟁은 막아야 한다는 거야. 우리나라도 마찬가지지. 6·25 때 얼마나 많은 민간인이 학살당했냐고. 그래도 제대로 항의 한 번 했냐고. 전쟁이라는 것은 승자도 패자도 없는 것이지. 전쟁은 일으켜서는 안 되는 인류 최고의 범죄야. 그게 15개월 월남전 생활 중에서 가장 가슴 아픈 기억이야. 내가 잊을 수 없는 트라우마야."

증인석에 선 참전군인

그는 그 일을 법정에서 증언했다. 2018년에 열린 시민평화법정에서였다. 당시, 베트남전쟁 한국군 참전 역사에 관심 갖는 50여 개 단체와 1천여 명의 시민이 뜻을 모아 '베트남전쟁 시기 한국군에 의한 민간인 학살 진상규명을 위한 시민평화법정'을 열었다. 베트남전쟁 종전일인 4월 30일 즈음에 맞춘 일정이었고, 하미마을과 퐁니마을에서 온 이름이 같은 두 명의 응우옌티탄도 그 자리에 참석했다. 피고는 대한민국, 원고는 하미마을 응우옌티탄과 퐁니마을 응우옌티탄이었다. 류진성은 시민평화법정에서 얼굴과 이름을 밝히지 않고 영상 증언을 했다. 퐁니퐁넛 사건이 한국 사회에 알려진 이후 20여 년 만에 나온 해당 중대 소속 병사의 증언이었다. 주심을 맡은 김영란 전 대법관은 '중대한 인권침해이자 전쟁범죄의 성격을 띠는 사건'으로 대한민국 정부에 책임이 있음을 선고했다. 시민평화법정 이후 류진성은 한 언론과의 인터뷰에 이름과 얼굴을 밝히며 세상에 알려졌다.

2021년 11월 16일에도 류진성이 증인석에 섰다. 국가배상소송이 열리는 서울중앙지방법원 동관 453호 법정이었다. 나는 긴장되는 마음으로 증인석을 바라봤다. 류진성은 떨리는 기색도 없었다. 그의 말은 소리가 크고 쉽고 설득력이 있었다. 재판관을 비롯해 방청석에 앉은 사람들 대부분은 전쟁에 대해 몰랐다. 류진성은 상황 하나를 설명하는 데 길고 자세한 말을 덧붙였다. 류진성의 동료들은 그가 법정에 서는 걸 막으려고 애썼다. 그러나 그는 본 것에 거짓이 없고 양심에 따른 것이기에 말을 하지 않을 이유가 없다고 했다. 언론은 그의 증언을 중요하게 다루었고 용기에 박수쳤다. 그는 가해의 역사를 성찰하는 참전군인으로 주목받았다. 하지만 거기까지가 전부였다. 사회가 그에게 기대하는 바는 오직 '가해'에 대한 증언뿐이었다.

사회는 오랫동안 진실에 목말랐고, 그의 증언은 쓰임이 있었다. 그가 가진 생각과 그 밖의 서사에는 관심 두지 않았다. 주변 동료 참전군인들은 그에게 크게 항의했고, 평생 함께하던 이들이 돌아섰다. 그럴 때마다 류진성은 개의치 않아도 된다는 듯 웃으며 농담했다.

"난 버린 몸이야."

관제 데모에 동원된 재향군인들

류진성은 상이군인으로 귀환한 스물다섯 살부터 최근까지 40여 년 간, 상이군경회 임원 선거에 계속 도전하며 적극적으로 활동했고, 동료들과도 활발하게 교류했다.

"나는 상이군경회에서만 활동을 했어요. 무공수훈자회에서 활동할 수 있었고 고엽제전우회나 참전전우회도 할 수 있는데. 내가 볼 때는 상이군경회가 모체로 보였어. 제일 역사가 오래됐고. 1950년도 6·25전쟁 발발하면서부터 희생자가 쏟아져 나왔으니. 그래서 이름도 상이용사회, 상이군인회, 또 뭐 상이군경회로 여러 번 바뀌었어."

1969년 월남에서 크게 다친 후 한국으로 돌아온 그는 1970년부터 본격적인 상이군경회 활동을 시작해 스물다섯 나이에 전라북도 지부 지도과장이 된다. 상이군인 단체는 오래도록 6·25 참전자가 주도해왔다. 류진성은 파월 출신으로는 드물게 2021년까지 상이군경회 임원 선거에 꾸준히 도전했다.

"6·25 선배들이 만든 조직이고 수적으로 봐도 많고. 우리가 10분의 1도 안 됐을 거야. 두 세대 간에 20년 정도 차이가 나는데, 나는 세대교체를 부르짖었지. 그런데 명분이라는 게 있어요. 6·25 선배 세대는 직접 나라를 지키다 싸웠고 부상당했다고 하는 긍지, 자부심이 있고. 우리는 어떻게 보면 외국에 돈 벌러 갔다가 다쳤다고 하는 시선이 있었지. 우리 사회 분위기가. 월남에 간 것이 무슨 돈 벌러 갔다 온 걸로, 그리고 또 가서 돈 벌어 왔다고 자랑하는 놈들도 있어요. 특히 그런 부서에 있던 극소수 놈들이 있긴 하겠지. 우리 청룡 같은 경우는 꿈에도 그런 일은 없고 그냥 정글 속에서 하루하루가 생존을 위한……. 우리는 억울하지."

그의 말처럼 어려운 조건임에도 그는 왜 제대군인 단체에서 계속 활동하려고 했을까?

"과거 자유당 때나 군사독재 시절에는 상이군인을 동원한 관제 데모가 많았어요. 나도 도와달라는 요청을 뿌리치지 못하고 앞장선 일도 있었고. 전두환 정부 시기까지 이어졌던 관제 데모는 이후 정권에서 사라졌다가 이명박 정권 시기 미국산 소고기 파동 때 다시 부활했어요. 나도 광화문에 할당이 나오면 나가곤 했지."

류진성은 상이군경회가 휠체어에 의지한 동료들을 앞에 세우고 시위하는 모습이 국민 정서와 다르다고 여겼다.

"우리가 국민들 눈에 썩 좋은 이미지가 아니에요. 정권의 하수인으로 생각하지, 옛날 자유당 때부터. 그땐 내가 어려서 구경만 했지. 우리 반대파가 마이크 올려두면 팍 쳐버리고 유선 줄 잘라버리고. 어려서부터 그런 걸 봤어요. 그때는 뭐 정권이 권력이 있으니까 먹고살기 위해 지시가 떨어지면 어쩔 수 없었다고 봐요. 그런 나쁜 이미지. 또 박정희 때 공안정부 만들고 전두환 때 꼭 욕먹는 짓은 상이군인을 이용했다고. 수없이 나갔어, 데모하는 데. 나도 나갔지. 전두환 때는 유성환 의원 국시 논란(이 나라의 국시는 반공이 아니라 통일이어야 한다)이 있었어. 그 의원 때려잡는 데 우리가 나섰어. 그때 회장이 한 번만 도와달라고 해서 내가 그 당시에……. 시위도 엄청나게 하고. 결국 그런 공안정국을 만들어서 유 의원이 구속됐지. 그건 내가 참여한 거니까 얘기하는 거야. (언제까지 그런 관제 데모가 있었는지 물었다.) 그게 노태우 때부터 없어졌어. 김영삼 대통령 때는 상이군경회 이용을 안 했지. 김대중 대통령 때도 전혀 이용을 않고. 그러다가 이명박 때 미국산 소고기 파동, 그때 광화문에 할당되면 나갔지. 옛날에는 보수단체가 다 그런 걸 한 거지. 상이군경회가 휠체어 앞에다 죽 늘어뜨리고 시위하고. 그런 게 국민들이 생각하는 거하고 썩 맞지 않는 방향으로 활동했기 때문에, 그런 걸 우리가 반성하면서, 국민들한테 이런 형편을 말씀드려야 할 필요도 있다고 생각해.”

그는 자신이 속한 단체의 부정에 대해 말하면서도, 참전군인이야말로 전쟁을 경험해봤기 때문에 전쟁을 반대하고 평화를 이루도록 노력해야 할 책임이 있다고 말한다.

“평화는 전쟁을 통해 얻어지는 게 아니라고 확신해요. 전쟁을 경험했기 때문에 확실히 말할 수 있어요. 나는 전상에다가 무공수훈자, 고엽제 피해자에다가 참전유공자까지 겹겹이 국가유공자거든. 누가 나보고 빨갱이 소리 못 하지. 해병대에서 졸병은 훈장 타는 거 참 힘들어. 나는 상이기장, 참전기장, 인헌무공훈장 이렇게 있어. 내가 국가유공자라고 자랑하는 게 아니고. 국가에서 지어준 이름인데 사실 부끄럽지.”

우리는 가해자이면서
피해자니까

“내가 상이군인이 된 게, 국가와 국민을 위해 무슨 큰 공로를 세우는 과정에서 다쳤다고 생각하지 않아. 그냥 재수 없어서 다친 거야. 그런데 어떻게 됐든 국가에서 보상을 해주잖아. 그 보상은 뭘로 해주냐? 다 국민 세금이야. 그럼 우리도 국가와 국민을 위해서 그에 걸맞은 역할을 해야 되는 거 아니야?"

그는 국가유공자로서 국민들한테 빚을 지고 있다고 말한다. 그 시원시원한 말들 속에서 여러 생각과 질문이 겹겹이 이어진다.

"나는 오랜 세월이 흘러서야 내가 잘못된 전쟁에 간 걸 알았어. 베트남의 통일전쟁을 우리가 가서 지연시키는 역할을 한 거야. 지금 부끄럽잖아, 베트남을 바라보면. 통일된 베트남, 발전해가는 베트남을 보면서 부끄러움을 느껴야지. 지금 뭐 6·25 참전했던 외국군은 한국의 발전상을 보면서 뿌듯함을 느낀다고 하지만 그것도 한 면만 본 거야. 분단된 조국에 살고 있는 국민의 고통에 대해서는 전혀 관심이 없어. 그렇지 않아? 정신세계는 전혀 고려하지 않는 거야. 외형적인 성장만 본 거지."

반성과 성찰, 스스로를 민간인 학살 가해의 자리에 두고 증언하는 괴로움은 없는 걸까? 그의 앞에 켜진 카메라와 질문들, 기억의 소환은 평화에 어떤 이바지를 하고 있는지 묻지 않을 수 없었다.

"우리는 가해자이면서 피해자니까. 전쟁 중에 일어난 모든 행위는 복종을 해야 되는 사병들에게 책임을 물을 수 없어. 명령에 따라 움직이는 군이라는 특수한 조직으로 움직인 건데, 이런 건 국가가 책임지고 해명하고 해결해야지. 이렇게 놔두면 자꾸 갈등만 부추기고, 졸병들끼리 불편하니까 싸움만 생기지. 정부에서 해결해야 해."

그와 논쟁을 하고 싶은 건 아니었지만 나는 그에게 정부가 그런 걸 알아서 하지는 않더라는 푸념, 시민사회에서 촉구해야 조금 할까 말까 한데, 참전 관련 단체들이 정부에 촉구하면 좋겠다는 바람을 털어놓았다.

"그런 사고력이나 통찰력을 갖고 성찰할 줄 아는 지도자들이 단체에 있어야 하는데 불행하지만 그런 사람이 없지. 누구 탓을 하겠어요. 우리 스스로가 그랬는데. 민간인 학살 문제는 우리 정부 정책 기조가 좀 바뀌어야 한다고 봐요. 지금 우리나라 현실에서 사실은 베트남 문제를 매듭지어야 할 필요성이 있어요. 왜냐면 우리가 지금 일본과 얽힌 문제가 있잖아요. 우리는 일본에다 잘못을 인정하고 사과하라고 하면서 우리가 피해를 준 베트남 일은 모르는척 하는 게 바람직하지 않잖아요. 물론 한국-일본 관계와 한국-베트남 관계는 기본이 다르지. 다만 베트남전쟁에 참여한 나라로서 그 나라 국민들에게 피해를 준 부분이 있다면 사과를 하고 적절한 보상을 해줘야 한다고 생각합니다."

그의 이야기에 온전히 공감할 수는 없었다. 오히려 국가와 민족주의를 넘어서는 평화는 어떻게 만날 수 있을지 질문이 쏟아졌지만 말을 고르고 그의 이야기를 더 듣기로 했다.

전쟁만은 안 된다

류진성은 2018년 시민평화법정에 증언자로 선 이후 언론의 인터뷰 요청을 많이 받았다. 오늘 나와의 대화도, 인터뷰와 증언석에 섰을 때도 나는 그가 불편함보다 책임감으로 말하는 듯한 인상을 받았다. 그는 어떤 마음으로 이야기를 꺼내놓은 것일까.

"요청이 많이 들어왔는데 다 응하지는 않고. BBC에서 왔길래 세계적인 언론 기관이고 하니까, 내가 미국 정부에다 하고 싶은 말도 있고 해서 증언했어요. 근데 결국 그 메시지는 보도가 안 됐어요. 『뉴욕타임즈』 같은 경우도 미국 사회에서 여론을 형성할 수 있는 막강한 기관이니까 응했고요."

전하고 싶었던 그의 메시지가 무엇이었는지 묻지 않을 수 없었다.

"후대에는 더 이상 전쟁이 없었으면 좋겠어요. 특히 정세가 불안한 한반도에서 전쟁을 부추기는 세력들도 있거든요. 그거는 바람직한 일이 아니라는 메시지를 전해주고 싶고. 전쟁을 해서 문제를 해결하는 나라는 없어. 그건 불행을 자초하고 문제를 키우는 일이지. 시간이 걸리더라도 전쟁을 방지하면서 가야 국민에게 평화를 선물해줄 수 있어. 전쟁만은 안 된다. 그리고 지금 전쟁이 일어나면 살아남을 사람이 없을 게 뻔한데 그런 걸 부추겨야 되겠어요?"

그의 목소리가 조금 더 커졌다.

"핵도 미국이 먼저 없애야 돼. 자기가 먼저 없애면 다른 나라도 없앨 수밖에 없잖아요. 명분이 없으니까. 지구상에서 핵은 해체를 시켜야 돼요. 지구의 안전, 우리 후손과 인류의 안전을 위해서. 그게 첫 번째고. 현재 개발된 첨단무기도, 대량살상무기도 폐기를 해야 돼. 너무 엄청나잖아. 지금 개발되는 무기들 앞에서는 숨을 수가 없어. 위에서 때리고 땅을 파고 들어가고 벽도 뚫고, 얼마나 무서워."

류진성과 이야기를 하다 보면 공감이 되면서도 서로 다른 입장에 서서 긴 말을 주고받게 된다. 나는 류진성의 말들이 민족주의나 국가주의의 함정에 빠지기 쉬운 논리는 아닌지, 전쟁을 반대한다면서 해병대에 대한 자부심을 말하는 건 모순이 아닌지 등을 더 묻기도 하고 삼키기도 하며 그와의 대화를 이어간다. 그러다가도 양천구 국가유공자회 사무실에 붙어있는 현수막과 그의 명함에 써 있던 문구가 떠오르면 고개를 끄덕이게 된다. 어쩌면 전쟁을 겪은 이가 가진 두려움을 우리 사회가 배워야 하는지도 모르겠다는 생각과 함께.

나에 대해서는 걱정 말아요,
내가 할 일은 할 테니

2025년 1월 17일, 응우옌티탄이 대한민국 정부를 상대로 제기한 손해배상청구 소송 항소심 판결이 나왔다. 재판부는 2023년 2월 7일 이루어진 1심 판결의 정당성을 인정하고 피고의 항소를 기각했다. 피고 대한민국은 원고에게 끼친 손해에 대해 30,000,100원과 이자를 지급하라는 청구를 이행해야 한다. 항소심 판결이 나온 며칠 후 류진성과 긴 통화를 했다. 그 판결이 갖는 의미가 그에게 남다를 것이라는 생각이 들었다.

"재판에서 좋은 결과가 나왔기 때문에 마음의 빚은 조금 갚은 것 같아요. 내가 살아서 이런 결과를 보고 간다는 게 행운이라는 생각도 들고."

그는 처음 베트남 민간인 학살 진상규명 운동을 만났을 때부터 지금까지의 과정이 필름처럼 다시 돌아가더라는 얘기도 덧붙였다.

"내가 왜 그렇게 나서가지고 이런 고통의 길을 걸어왔는가, 주마등처럼 떠오르는 거예요. 회상을 해보니까. 근데 이게 또 운명처럼 느껴지네. 그런 그 우연한 만남이. 예상했던 것도 아니고 기다렸던 것도 아니고 아주 자연스럽게 왔잖아. 이것이 어떤 하늘의 계시인가, 그런 미묘한 생각이 드는 것 같아. 참 지금까지 세상 살아오면서 트라우마가 없었다고 하는 건 거짓말이고. 조금씩 잊고 살았었는데. 우리가 만나면서 자꾸 그게 자리가 커지는 거예요. 기억하고 싶지 않았던 베트남에서의 그런 민간인들 죽음, 그 살려달라는 절규, 몸부림. 그런 생각들이 다 떠오르고. 그때 나와 그날 그 시간 그 장소에서 만났다는 것이 참 이게 묘한 거야. 그렇지 않아요?"

8년 전 청와대 앞에서 그와 나는 우연히 만났고, 그 만남 이후 류진성은 그 전의 삶과 전혀 다른 방향으로 걷기 시작했다.

"엊그저께 같은데 나는 그 시간이 마치 50년 같이 느껴져. 내가 겪은 갈등, 또 여러 가지. 내가 굳이 나서야 되느냐, 마음속에서 자중지란(自中之亂) 같은 것도 있었고. 그게 내 가슴속에서 양심과의 싸움이었던 것 같아. 피하느냐, 마느냐. 그래도 지금 내가 입을 안 열면 더 열 사람이 없잖아. 그러니 이거를 묻고 가는 것보다는 밝히자, 그런 갈등 속에서 그 마음이 이긴 거지. 그래서 이제 내 생활의 몰락이 시작된 거야. 그때부터 많은 것을 잃어버렸으니까."

그가 허탈하게 웃었다. 류진성이 잃어버린 것들은 무엇일까.

"내가 그동안 꿈꾸고 노력했던 상이군인회 회장직도 실패했고. 그때부터는 그냥 완전히 낙인이 찍혀버린 거야. 나는 좌파로 매도당했다니까. 그러니 그게 표를 얻을 수가 있겠어? 그러다 보니까 사업을 할 수가 있나, 무슨 혜택을 볼 수가 있나. 그 바닥에서 평생 살아왔는데 그걸 잃어버리니까 아주 현실적인 피해가 크게 온 거지. 그런 건 뭘로 보상받을 수 있겠어. 근데 재판 결과를 보면서 이게 보상으로 느껴져. 다 잃어버렸지만 조금 보람이 있는 거야. 이걸 얻었구나, 역시 내가 결정을 잘했다, 고생은 했지만……. 손해는 많았지만 그래도 또 이런 걸 얻음으로써 내 양심이 스스로 회복되고 그런 조그마한 자부심을 건진 거 같아. 결정을 내려준 재판부에게 고맙다는 생각도 들고. 이게 참 좋은 방향으로 나라가

가는구나, 윤석열 탄핵 사태를 보면서도 사법부가 썩은 것이 아니구나, 생각했어. 이런 판사들이 있기 때문에……. 바다가 2퍼센트의 염분으로 생명력을 유지하듯이 2퍼센트라고 하면 사법부에서 섭섭하겠지만은 그래도 2퍼센트는 살아 있구나 싶었지. 나는 내 생에 이런 판단이 안 나올 줄 알았어."

그는 자신의 선택은 양심에 따른 것이니 동료들이 이해해주면 좋겠다는 마음도 넌지시 말했다. 앞으로도 자신이 할 수 있는 것이 있다면 하고 싶다는 마음에 대해서도.

"그러니까 나에 대해서는 걱정 말아요, 내가 할 일은 할 테니. 바람이 있다면 대법원 판결을 살아생전에 보는 것이긴 해요."

후기

류진성과 용산 전쟁기념관 해외파병실을 찾은 적이 있다. 건너편에 국방부와 서울지방보훈청이 자리하고 있어 국가유공자인 그에게 이 근방은 익숙한 장소일 터였다. 오가는 길에 한 번쯤 들렀을 법한데 그는 전쟁기념관에 별로 들어가고 싶은 생각이 없었다며 되묻는다.

"전쟁을 기념한다는 게 말이 되나?(전쟁기념관을 가리키며) 내가 이 앞을 그렇게 많이 다녔어도 저 안에는 한 번도 안 들어갔어. 전쟁은 절대 즐거운 것도 자랑스러운 것도 아니야. 기념은 무슨 기념이야."

전쟁기념관 해외파병실은 베트남전쟁 한국군 참전부터 현재까지 이어지는 한국의 해외파병사를 전시하는 곳이다. 전시관으로 들어가기 전 건물 밖 회랑에 길게 늘어선 전사자명비를 지나며 류진성은 걸음을 멈추고 이름들 사이에서 누군가를 찾았다. 월남전 전사자 이름이 부대별로 쓰여 있는 비석 앞이었다. 은명수 대위. 류진성은 전사자명비에서 그 이름을 찾았다. 은명수 대위는 류진성이 소속된 부대의 중대장이었다. 그는 마을 수색 중에 부비트랩을 발로 걷어차는 바람에 큰 부상을 입었다. 류진성도 비슷한 시기에 부상을 당해 병원으로 후송되었고 그곳에서 은명수 대위를 만났다.

"결국 일어나지 못하고 저세상으로 갔어."

해외파병실 전시 공간, 채명신 장군의 훈령이 크게 써 있는 자리에서 류진성이 다시 걸음을 멈춘다. "한국군은 백 명의 베트콩을 놓치는 한이 있더라도 한 명의 양민을 보호한다." 그것을 가만히 바라보며 차분한 목소리로 말한다.

"전시가 밝은 면만 나타내고, 어두운 부분은 숨겨두는 건 옳지 못해. 전시에 거짓말이 섞여 있어. 우리가 보아야 할 것들을 가감 없이 보여주고, 관람자가 선택하도록 하는 게 좋겠지."

류진성이 다시 그 말을 읊조리고 있었다.

나는 요즘도 종종 류진성을 만나 전쟁과 평화에 대한 긴 이야기를 나눈다. 가끔은 너무 명쾌해서 어지럽기도 한 평화에 대한 그의 생각들은 맛으로 치면 톡 쏘는 사이다 맛이다. 어디로 튈지 모르는 거품처럼 불안하기도 하고, 시원하게 속을 뚫어주어 명쾌하기도 하다. 그의 이야기를 듣고 보니 우리가 그날 광장에서 만난 것은 우연만은 아닌 것 같다. 무엇이 만남을 이끌었는가. 류진성의 말 중 증언이 되지 못한 이야기는 어떻게 세상을 만나야 할까. 증언이 아닌 말들은 어떤 자리에 설 수 있을까. 우리가 참전군인 류진성에게 내민 증언의 자리는 어떤 것일까. 그리고 더 많은 참전군인에게 어떤 말의 자리를 만들 수 있을까. 질문이 꼬리에 꼬리를 물고 맴돈다.

기록 | **박혜진**(노랭)

동료들 사이에서 노랭이라는 이름으로 불린다. 성미산학교 졸업 프로젝트로 외할아버지 김시호 씨의 베트남전쟁 참전 기억을 인터뷰했고 「당신의 해방」이라는 다큐멘터리로 만들었다. 주변인들을 만나고 질문하는 방식으로 삶의 궁금증에 대한 답을 찾아가고 있다.

어린 병사의
슬픔과
서울의 봄

**참전군인
오경열**(1951년생)
이야기

오경열(75)은 신병훈련과 통신교육을 마치고 자대배치 3개월 만에 베트남 차출 명령을 받았다.
"가지 않으려고 발버둥을 쳤지만 선택의 여지가 없었죠."
1970년 5월, 십 대 후반의 오경열은 맹호부대 통신병으로 전쟁터에 보내졌다. 그는 낯선 이국 땅의 평화로운 일상이 순식간에 파괴되는 광경을, 전우가 죽고 사람들의 살점이 터져서 튀는 끔찍한 장면을 목격했다. 그후로 오랫동안 트라우마에 시달렸다. 지금까지도 전쟁의 한복판에 있는 것처럼, 포탄이 터져 다치고 죽을 고비를 넘긴 이야기, 공포와 분노에 시달렸던 이야기를 생생하게 전해준다. 누군가 그에게 어찌 그리 옛일을 생생하게 기억하는지 묻자 그가 당황한다.
"기억력이 좋은 게 아니고 삶이었기 때문에……. 아직도 머릿속에 그림처럼 남아 있어서……."
그는 기억과 말 사이사이에서 자꾸 미안하다고, 부끄럽다고, 누구에게인지 모를 사과를 한다.
" 자의든 타의든 베트남전쟁에 참여한 것 자체를 저는 굉장히 부끄럽게 생각해요."

방황을 멈추기 위해 선택한 군대,
억지로 끌려간 전쟁터

　　오경열은 1951년 11월생으로 광주광역시 금남로에서 나고 자랐다. 판소리 명창이던 어머니는 많은 제자들에게 판소리를 가르치며 자식들을 따뜻하게 보살폈다. 그는 어머니를 무척 따랐고 크고 자랑스러운 나무로 여겼다. 그런 어머니가 오경열이 열여섯 살이 되던 해에 갑작스럽게 돌아가셨다. 오경열은 사춘기를 힘겹게 보내며 방황했다. 열여덟 살 이른 나이에 군대에 자원입대한 까닭이다. 그는 군대에 가서 마음을 다잡고 변화와 성장을 하리라 기대했다.

　　"내가 1969년 11월에 입대를 했어요. 군대에 가서 보니, 나이가 적은 사람이 20세고 30세 넘는 분들도 있어요. 딱 봐도 제가 많이 어려 보였겠죠. 저를 동생같이 챙겨주곤 했던 기억이 있습니다."

　　막내 병사였던 덕분에 오경열은 계급과 관계없이 자신보다 나이가 많은 이들에게 '형'이라고 부르며 친밀한 관계를 맺을 수 있었다. 계급이 확실히 구별되는 군대 문화에서 예외적인 관계와 돌봄을 경험한 것이다. 오경열의 어린 나이는 유연한 관계를 맺을 수 있는 매개가 되었지만 동시에 어리고 약한 존재로서 베트남을 강제로 끌려가는 배경이 되었던 것 같다. 회피하려 했으나 선택의 여지가 없었고 '자신의 의지와 어긋나는' 파병으로 이어졌다.

"군대에 들어와서 6개월 만에 베트남 차출을 받았어요. 훈련소에서 4주, 통신학교에서 4주 이렇게 8주 훈련받고 나서 자대배치 받은 지 3개월 만에 육본에서 차출 명령이 내려왔습니다. 전쟁터에 간다는 것이 두려웠어요. 중대장을 찾아가 전투 경험도 없고 부족한 게 많은데 빼주면 안 되겠느냐고 얘기했더니 육본에서 명령서가 내려와 안 된다고 하더라고요. 그래도 안 가겠다고 거부를 하니까 고참들이 보기에도 참 안타까운 거죠. 결국 오음리 집결지로 갔어요. 베트남전쟁에 지원하거나 저처럼 차출되면 4주간 현지전투훈련을 받아요. 이 생존훈련이란 게 참 어려웠어요. 내가 내 의지대로 하지 못하는 상황들을 계속 접하게 되니까 거부감이 오는 거예요. 그래서 탈영을 하고 싶은 생각도 있었습니다."

미국수송선을 타고
베트남으로

1970년, 오경열은 맹호부대 통신병으로 전쟁터에 보내졌다.

"맹호부대로 편성된 군인들은 춘천 오음리에서 4주간 훈련 마치고 춘천역에서 느린 군용 기차를 타고 밤새 달려 부산항 군사부두에 도착해요. 부산항에는 새벽에 도착했는데 배에서 나오는 불빛이 얼마나 화려하던지요, 너무너무 화려해요. 다들 넋이 빠지죠. 산속 같은 데서 훈련만 받다가 화려한 걸 보니까 신기하기도 하고요. 호기심도 생기는데 수송선에 올라서 눈에 들어오는 바깥의 비탈진 산동네를 보면서, 그게 꼭 우리나라 현주소 같았어요. 캄캄한 산동네랑 배의 불빛이 대비되어 보이는데 우리나라의 가난한 현실이 그렇게 보이는 거죠. 배에서 이곳저곳 안내를 받았는데 화장실에서 문화적 차이를 느꼈어요. 그 전까지 좌식 변기를 사용해본 적이 없었거든요. 그때만 해도 부대 안에 화장실도 다 재래식 화장실이었으니까. 배에는 전부 수세식 화장실인데 사용 교육을 안 해줬어요. 설명서도 전부 영문으로 되어 있으니까 영문을 아는 사람들은 설명서를 읽고 사용하지만 모르는 사람들은 좌변기 위에 올라가서 재래식 화장실처럼 사용했어요. 전부 신기했어요. 엘리베이터를 그때 처음 타봐서 굉장히 신기했고 그래서 사람들이 몇 번씩이나 계속 타고 올라갔다 내려오고 (웃음) 생전 처음 접해본 문화들이잖아요. 살아도 거의 산동네 오두막집 이런 데서 살았던 사람들이 첨단 시설이 갖춰진 배를 타보니까 '아, 미국이란 나라가 정말로 발전된 나라구나. 그런 나라에서 이런 배를 만들었구나!' 했죠. 우리나라는 당시에 미군들이 쓰다 버린 퇴역함을 가져와서 군함이라고 사용하고 있었거든요. 6·25 끝나고 나서. 근데 그런 수송선들을 처음 보니까 배가 이렇게 생긴 거구나 하고 처음 알았지요. 아침이 되니까 부산 시민, 학생 들이 나와서 뜨거운 환송을 해주었습니다. 살아서 돌아오라고요."

  오경열은 그렇게 수송선에 몸을 싣고 일주일 동안 뱃멀미에 시달리다 베트남 땅에 도착했다.

꼭꼬댁 꼬꼬 닭소리 나고
아이들이 뛰어놀 것 같은 평온한 마을에서

"현지에 가서도 정글적응 전투훈련을 받았습니다. 전쟁터로 갔으니까 생존전투훈련은 필요하지요. 자대배치를 받고 몇 번의 크고 작은 작전에 참여하면서 전투 경험을 쌓고 꼭 살아서 돌아가야겠다는 다짐을 했습니다. 어느 작전 지역에서는 부득이하게 그 마을을 지나치거나 들어가는 일이 있는데, 그 마을의 평온한 일상을 보면서 닭들이 무리 지어 먹이활동을 하거나 꼭꼬댁 꼬꼬 하는 소리를 들을 땐 무거운 긴장이 가라앉을 때도 있지요. 천진한 아이들의 웃음소리가 금방이라도 들릴 것 같은 평화로운 마을을 별 탈 없이 지나치고 싶은 게 전우들의 한결같은 소망입니다. VC 마을이라고 표적을 찍으면 마을 밖 수풀 속에서 완전군장 한 채 마을을 감시해요. 그럴 때면 조용한 적막감이 오히려 무섭고 두려웠지요. 거기에서 제가 할 수 있는 가장 큰 바람은 그 마을에 VC가 없기를 바라는 거죠. 매번 그런 생각을 해요.

그런 두려움 속에서도 평화로운 광경을 많이 봤어요. 전투 중에도 보고, 연대본부에서 근무할 때는 도심을 장갑차로 오고 가잖아요. 그때 말할 수 없이 아름다운 열대의 자연을 보면서 진짜 평화를 염원하게 돼요. 이게 전시 상황이 아니면 어떨까. 1번 국도를 장갑 차량을 타고 다니면서 보고 느끼는 바깥 풍경들은 그야말로 이국의 아름다운 모습입니다. 이곳에 전쟁이 없으면 얼마나 행복할까, 많은 생각들이 교차하는 거죠. 그런 꿈같은 상황에서 갑자기 포탄 터지는 소리, 요란한 기관총 소리가 나면 꿈은 깨지고 정신이 번쩍 드는 거예요. 현실을 직시하고 어떻게 하면 나를 안전하게 지켜낼 수 있을까 생각부터 합니다. 전쟁터에서 병사가 가져야 할 자세는 아니지만 살고 싶은 욕망이 앞서는데 어떡합니까."

평화로운 마을에 침입자로 들어선 기분과 언제 적이 나타날지도 모른다는 두려움 속에서 오경열은 절박하게 평화를 염원했다. 그러나 전쟁은 적군과만의 싸움이 아니었다.

"베트남전쟁은 게릴라전이에요. 전면전이 아닙니다. 우리 부대가 작전을 나가서 전투를 했는데 노획한 무기가 없으면 지휘부에서 쌍욕 하고 난리를 치거든요. 대대장, 연대장이 왜 전과가 없냐고 질책을 하는 것입니다. 작전을 나갈 때 적과 마주쳐 치열한 전투로 커다란 성과를 올릴 때도 있고, 아군이 피해를 입을 때도 있는데 작전을 나가면 항상 성화를 냅니다. 자신들의 진급에 관련된 조급함 때문이죠. 어떤 때는 우리 중대가 헬기를 타고 작전 지역에 투입이 되는데 적들은 작전 헬기가 날아오는 소리를 먼저 알아요, 헬기 소리가 워낙 크게 들리니까. 그 소리가 들리면 즉시 땅굴로 들어가버리는데 그렇게 되면 찾기가 매우 힘들어져요. 그래서 허탕을 치고 빈손으로 돌아오기도 하는데 지휘부에서는 항상 전과를 요구하니까. 전선에서도 일선지휘관들은 정신적 스트레스를 크게 받습니다. 한참 작전 중인데도 전과 보고부터 하라고 성화를 내는 지휘관은 아군 피해 정도와 VC 소탕 전과로 무기노획을 했는지부터 묻습니다. 아직 발견 못 했다고 하면 화내고 욕하고, 어떤 때는 VC를 사살했는데 무기를 노획하지 못했다고 전과로 인정 안 하기도 했습니다.

어느 날은 작전이 끝나서 군장을 다 벗어놓고 헬기를 기다리고 있었어요. 배낭 놔두고 총도 옆에 놓고 완전히 마음이 풀어져서 있었는데 옆에 보니까 꼬들꼬들한 게 막 이렇게 묶여 있더라고. 보니까 이상하게 사람 귀 같은 느낌이 들어요. 아주 새카만데, 새카만 정도가 사람 귀 정도가 아니라 무지 새카매. 새카만 귀를 철사 줄에 꽁꽁 끼웠더라고요. 한 여덟 개 정도 되지 않았을까 싶어요. 배낭에 수류탄 같은 걸 거는 끈이 있거든요. 거기다 고리를 걸고 묶어놨더라고요. 배낭에다가 거니까 이게 썩으면 냄새가 나잖아요. 그러니까 귀를 잘라가지고 시레이션 소금에 절이는 거야. 작전을 나가서 전과가 없으면 위에서 욕하고 난리를 치거든요. 대대장, 연대장이 왜 전과가 없냐, 거기 분명히 적이 있었는데 왜 못 찾고 빈손으로 돌아오냐고 한단 말이에요. 작전 나갈 때마다 빈손으로 돌아오는데 전과를 세우라니까 이제 그런 방법을 억지로 생각해내는 거예요. '적을 몇 명 사살했습니다' 그러면 '무기는?' 그래요. 무기는 노획했냐고. 못 했다고 하면 그걸 어떻게 전과로 인정해주냐고, 귀라도 잘라 오라고 지시를 하는 거지. 전과로 인정받기 위해서. 잘라 온 사람이 그런 부분들을 얘기를 해줘요. 그때 충격받았던 기억들은 그림같이 아직도 생생하게 장면으로 남아 있어요. 그런 무지막지한 행동을 했던 사람이 저한테 웃으며 자랑스럽게 얘기를 했어요. 그때 그 사람의 표정이 잊히질 않는 거예요."

베트남전쟁은 게릴라전이었다. 전과를 보고하는 방식은 땅을 얼마나 점령했느냐가 아니라 몇 명을 살상하고 몇 정의 무기를 노획했느냐와 같은 것이었다. 그 기억 속에서 오경열의 말이 빨라진다.

"보통 매복 나가면 1개 소대가 나가거든요. 1개 중대에는 4개 소대가 있어요. 이 4개 소대가 번갈아 가면서 작전에 투입됩니다. 각 분대별 매복지점을 잡고 나면 C레이션을 까먹고 엎드려서 사방경계를 하는데 피곤하니까 계속 졸려요. 젊은 청년들이 정글을 헤치고, 매복호 파고 나면 힘들어, 얼마나 졸리겠어요. 칠흑 같은 밤, 누군가 코를 드르렁드르렁 골면 난리가 나죠. 옆에서 깨우라고 하고 안 그러면 총으로 콕 찔러서 깨우고. 곤욕이에요. 코 고는 소리가 나면 저쪽까지 다 들리거든요. 우리 생명이 걸린 일이어서 코를 못 골게 손으로 막고 그랬어요. 미군 씨레이션을 보면 그 속에 담배하고 성냥이 있어요. 종이 성냥이요. 담배 피울 때, 불 피울 때 쓰라고 들어 있는 건데 그 성냥으로 눈을 받쳐놔요. 눈을 안 감으려고. 초병이 근무시간에 졸거나 자면 총살시킬 수가 있어요. 다른 사람 생명이 걸린 일이기 때문에 그 시간만큼은 안 자려고 하는데 이겨낼 수가 없어요. 그래서 눈에다 성냥을 끼워가지고 눈을 뜨고 있는데도 졸음이 오더라고요. 그렇게 돌아가면서 불침번을 서는 거죠. 저는 총알 날아다니는 것만큼이나 밤에 불침번 서면서 기다리는 시간이 그렇게 무섭더라고요. 사람을 아주 긴장시켜요. 면도날 위에 서 있는 그런 기분이에요."

전쟁터의 병사들은 피곤함과 두려움을 느낀다. 우리가 상상하는 전쟁터의 모습은 영화에서 봤음직한 용감한 병사들과 스펙터클한 총싸움이지만 기지 청소를 하고 보급품을 나르고 매복을 하는 군인들의 '일상'이 전쟁이었다.

박정희를 안 찍었다고
군홧발로 차고 때리고

"작전에 나가게 되면 며칠 전부터 병사들은 마음을 다잡으려 애들을 쓰죠. '나는 죽지 않을 거야' 매일매일 다짐을 해요. 그런데 큰 작전을 나가게 되면 군종목사가 와서 기도를 해줘요. 그게 너무너무 싫은 거예요. 목사가 와서 '여러분 기도합시다. 부모님들을 위해서 여러분들 꼭 살아 가야 하고.' 이야기를 해요. 꼭 저승사자가 와가지고 기도하는 것처럼 너무 싫은 거예요. 또 고참병들은 기도하고 나면 사람이 더 죽는다고 말해요. 큰 작전에 나가면 꼭 사람이 죽거든요. 그러니까 기도에 거부감이 오는 거예요. 그때는 기독교 신자가 많지 않았을 때거든요. 헬기를 타면은 그런 생각을 해요. 전부 헬기에 앉으면 여기서 몇 사람이나 살아 돌아갈까, 이런 생각이 들면 한 사람씩 얼굴을 봐요. 그렇게 되더라고요. 얼굴 보면서 기억해놓으려고. 왜 그러냐면 같이 못 오는 사람들이 있거든요. 갈 때는 같이 갔는데 올 때는 돌아오지 못하는 사람. 그러니까 그게 굉장히 가슴 아프죠. 전우가 옆에서 그렇게 죽고 적들은 보이지도 않고 이러면 그 분노가 커지고 아무 데나 무차별로 사격을 하고 사람들이 그러기도 해요. 전우애라는 걸 교육받기도 하고, 서로 의지하는 동료고, 친구고. 형제 같은 사람들인데 죽었다고 하면 그걸 받아들이지 못하는 거죠. 그러니까 마음이 너무 아픈 거예요. 그래서 전우들 얼굴을 한 번이라도 더 깊이 봐요. 가슴에 새기려고."

오경열은 참혹했던 기억을 지우려 노력하다 보니 이제는 전우들의 얼굴이 기억나지 않는다고 했다. 그는 나이 많은 선임병들의 배려와 보살핌을 받았지만, 대통령 선거 투표를 하는 날에는 폭행을 당했다. 인생 첫 투표를 하는 날, 자신을 큰형님처럼 생각하라던 중대장이 오경열의 뺨을 때리고 군홧발로 내리쳤다.

"1971년에 군대에서 7대 대통령 선거 투표를 하는데 중대장이 전 중대원을 집합시켜놓고 이번 대통령 선거는 박정희를 찍으라고 명령을 하더라고요. 근데 나는 전쟁 상황이 너무 무서웠고, 아직 어린 나이에 사회생활 경험도 없고 정치라는 것을 거의 모르는 상태에서 단순히 누가 옳고 누가 나쁘다는 게 아니라 그렇게 박정희를 찍으라고 정해놓고 강요를 하니까 거기에 대한 반감이 생기더라고. 그때 생각했어요. '우리를 전쟁터로 보낸 사람을 찍어선 안 되겠구나. 평화를 원하는 사람을 해야겠다.' 내 차례에 투표를 하려고 보니 중대장과 좌우 몇 사람이 앞에 앉고 공개투표를 하는데 중대장이 중앙에 앉아서 어느 후보를 찍는지 보고 있는 거야. 중대장이 보는 앞에서 내 의지대로 김대중을 찍었어. 찍고 나니까 즉시 투표를 중단시키고 '너 이리 나와, 이 빨갱이 같은 새끼가 김대중을 찍어' 그러면서 난리가 났지. 뺨을 때리고 군홧발로 차고. 나는 '내 의지대로 투표했을 뿐이라고' 하니까 중대장이 더 화가 나가지고 폭행을 했지요. 내가 유권자가 되고 첫 투표에서 있었던 일이에요."

군대는 명령에 따라 움직이는 곳이고 그것을 따르지 않았을 때 뒤이어 폭력과 징벌이 따라왔다. 오경열은 명령을 어긴다는 것의 대가와 의미를 몰랐기 때문에 겁 없이 자신의 의지대로 행동할 수 있었다고 말했다. 그의 부연에도 불구하고, 많은 이들이 중대장의 명령을 따르는 가운데 자신의 뜻을 세우기란 결코 쉽지 않았을 것이라는 생각이 들었다. 나의 의아함을 알아챈 그는 세월을 건너 유년 시절 어머니에 대한 기억을 꺼내놓았다.

"국민학교(초등학교) 4학년 때 일이에요. 학교에서 친구들 여럿이랑 장난을 치고 놀았는데 남자 담임 선생님이 들어와서 저랑 친구 한 명, 이렇게 둘을 지목을 하는 거예요. 선생님을 따라서 나갔는데, 옛날에는 자가 요즘처럼 플라스틱 자가 아니라 대나무 자였어요. 대나무가 낭창하잖아요. 그 대나무 자를 강하게 휘어서 친구와 내 양 볼을 세게 때리는 거예요. 얼마나 아픈지. 너무 아파가지고 눈물이 도는데, 그다음에는 서로 보고 뺨을 때리라고……. 너무 가슴이 아픈 거야. 친구한테 미안해서 학교를 안 갔죠. 집에서 어머니가 왜 얼굴이 이렇게 됐냐 하셔서 친구들과 장난을 쳤는데 선생님이 때렸다고 했어요. 제가 학교를 안 가니까 어머님이 학교 교장 선생님을 만나서 폭력 교사에 대해 항의를 하고 다른 학교로 전학을 시켰지요. 질 안 좋은 일부 교사들의 이런 행동들은 일제 식민지에서 배운 폭력 교육에서 왔다고 해요."

교실에서 일어난 폭력은 어린 오경열에게 상처를 주었지만 그의 곁에는 부당한 일에 저항하는 어머니가 있었다.

나는 죄가 없으니까
안 끓었고

베트남에서 돌아온 귀환 병사의 군 생활은 가시밭길이었다. 국가는 병사들을 전장으로 보냈지만 다시 돌아온 이후에는 아무런 책임과 관심 없이 전역 시까지 의무를 다하도록 했다. 1970년대 초, 군대는 여전히 춥고 배고팠다. 삶과 죽음을 넘나드는 전장에서 온 병사들의 형형한 눈빛은 함께하기엔 불편하고 무서운 것이었다. 1년 남짓이었던 베트남에서의 전쟁 경험은 한국 부대에 적응하는 것을 어렵게 했다. 파병 전과 다른 부대로 배치되며 이런저런 이유로 따돌림을 당하는 일도 다반사였다.

"제가 월남에 있을때 소대 하사관이 한 번 귀국했다가 다시 베트남으로 온 사람이었어요. 그러니까 두 번 파병이 된 사람이죠. 그 사람이 그러더라고요. 자기가 한국에서 군대 생활을 계속 했으면은 다 죽여버렸을 거라고. 한국의 군대 생활에 대한 분노를 참지 못하는 거예요."

오경열도 귀국 이후 많은 트라우마에 시달렸다.

"전쟁터에서 돌아왔기 때문에 트라우마가 굉장히 심하게 있었죠. 저는 귀환 후에 전방 20사단으로 부대 배치가 되었어요. 어느 날은 부대에서 5시에 (국기)하강식을 하는데 우리가 4시 반에 대대 연병장에 집결해서 4개 중대원들이 다 모여 있잖아요. 군이라는 것은 시간이 굉장히 중요한데 시간을 지키지 않고 대대장이 계속 자기 사무실에서 안 나오는 거죠. 저희는 이유도 모르고 인제 추운 겨울에 떨고 있고, 저는 더군다나 베트남에서 돌아왔기 때문에 굉장히 추위를 많이 탔어요. 이런 상황에서 대대장이 15분에서 20분 정도 늦게 나와서 연단으로 올라가는데 제가 소리를 질렀어요. '대대장님 지금 1분 1초가 중요한 시간인데 국기 하강식을 5시에 하기로 하고 왜 5시에 안 나오십니까, 지금 이 15분에서 20분 사이에 무슨 상황이 발생을 하면 전부 현장에 투입되어야 할 우리 전투 병력입니다. 이렇게 시간을 지키시지 않아도 괜찮습니까?' 누가 항의하는 소리가 들리니까 '누구냐, 올라와라' 그래서 이제 제가 했다고 올라갔어요. 제가 올라가니까 '군대에서 까라면 까고, 하라면 하는 게 니네 병사들이 할 일이지, 니가 대대장한테 감히 대드냐'고 총을 들고 설치더라고요. 무릎 꿇으라고 했는데 무릎을 안 꿇었어요. 무릎을 안 꿇으니까 뺨을 때려서 또 피했고. 맞았으면은 좀 화가 덜 났을 텐데, 때리니까 피하는 거지. 나는 죄가 없으니까 안 꿇었고, 뺨을 때리니까 내가 피했고. 그러니깐 이제 화가 나서 권총을 빼서 총살을 하겠다고 즉결처형을 하겠다고 그러는 거예요. 그것도 내가 안 받아들였어요. 그냥 총 치우시라고 하니까 대대 병력이 다 보는 데서 너무 격이 떨어진 거예요, 대대장이. 화가 머리끝까지 나가지고 '이 새끼 영창을 보내라'고 해서 연대 영창을 가게 된 거예요. 어린 나이였지만 그때는 뭐 내가 스무 살도 됐고 정말 정의롭게 살고 싶었어요. 그래서 그렇게 얘기를 했고 영창을 갔는데 거기서도 베트남 갔다 온 놈이라고 헌병들도 거리를 두더라고요. 그렇게 일주일 동안 아주 지겹게 맞으면서 살았죠, 뭐."

독종이라고, 문제사병이라고
다 피하더라고요

"영창에서 나오는 날 머리를 싹 밀어버리더라고. 독종이라고 하면서, 여기 영창에 들어왔으니 머리를 깎고 나가야 하는 게 관례라고, 머리를 싹 밀어버렸어요. 난 제대가 몇 개월 안 남아서 머리 기르고 싶었거든. 근데 머리를 빡빡 깎으니까 사람이 이상해지는 거예요. 반감도 더 생기고. 화가 치밀어 올라서 '이대로 부대에 못 들어가겠다, 나를 그냥 놔둬라' 그랬더니 꼴이 워낙에 안 좋으니까 목욕하고 부대에 들어가라고 해요. 그래서 대광리에서 목욕을 하고 술을 잔뜩 먹었어요. 거기서. 술 먹고 하룻밤 자고 나서 다음 날 부대를 들어갔는데 사람들이 다 피하더라고요. 사고 치고 온 걸 아니까. 누구도 간섭을 안 하고 대대장도 간섭을 안 하고 문제사병이라고 해서 저는 열외가 됐죠. 왜냐하면 사고 칠 것 같으니까. 내가 이야기를 했어요, 와서 누구든지 건들면 죽여버린다고 그랬어요. 그러니까 나를 건들지 말라고. 내가 분명하게 중대장한테 가서 얘기를 했어요. '이대로 조용히 있다 가게 하십시오. 안 그러면 사고 칩니다. 사고 치면 사람 죽습니다. 많이 죽습니다.' 내가 얘기했어요. '나는 지금 총기를 다루고 온 사람이니까.' 그러니까 총을 안 주더라고.

그렇게 군대를 제대하고 나왔어요. '야, 내가 사고 안 치고 나온 게 너무너무 다행이다' 생각했는데 계속 군대에서 애들하고 싸운 생각, 동료들이 죽어가는 생각, 그리고 사회가 나를 볼 때 시선에서 이질감을 내 스스로 느끼는 거예요. 그러면서 누가 조금이라도 건들면 걷잡을 수 없을 정도로 폭발하고 날마다 술이 아니면 살 수가 없고. 술집 몇 군데는 나 때문에 망가졌어요. 술집에서 싸우는 게 다반사였어요.

그때는 그렇게 방황을 했어요. 전부 싫어서. 현실에 대한 거부감이 큰 거예요. 군대 들어가면서 생각했던 꿈, 나를 변화시키고, 좀 더 나은 목표를 향해서 나를 단련시켜야겠다고 계획한 것들이 있었는데, 전쟁 갔다 오고 영창 갔다 오고 나서는 자꾸 사고만 치게 되더라고요. 술 먹고 자면 잊히고 안 자면은 계속 생각나고 하루에도 몇 번씩 그런 생각이 문득문득 드니까요."

사우디로 이주하는 꿈

"저는 그냥 막노동 같은 걸 했어요. 땅도 파고 뭐 벽돌도 나르고. 고된 일이라 중간에 새참을 줘요. 고강도 노동 일은 술을 주더라고요. 인제 술 한 잔씩 먹고 그러면 또 잊어버리고. 그렇게 힘든 일을 하면은 잠자기가 바빠. 어떤 생각이 없어요. 그래서 일부러 힘든 일들을 찾아서 했어요. 근데 누가 소개를 해줄 테니까 거기 가서 일을 배워보라고 해요. 그래서 전기 일을 배웠어요. 그것도 힘든 일이긴 해도 월급이 많고 차츰차츰 좀 안정이 되더라고요. 정신적으로 조금 안정이 돼가니까 이제 좀 생각을 하게 되고요. 지역을 떠나야겠다, 하는 생각이 들었어요. 그동안 내가 술 먹고 싸움질하고 다닌 걸 사람들이 얼마나 싫게 봤을까, 부끄럽기도 하고. 그래서 서울로 올라왔어요. 동생도 서울에서 대학을 다니니까 겸사겸사 올라온 거죠. 그때 보니 사우디, 이란, 뭐 중동 이런 나라로 파견 가는 전기 기술자들을 모집하더라고요. 그래서 그때 시험 봐가지고 전기 기술자로 합격해서 사우디 가서 1년을 일하다 왔어요. 그게 해외 간 기회가 됐어요. 처음으로 여권이 나왔으니까. 1977년도인가 사우디에서 1년 있고, 1978년도에 들어오니까 동생이 대학을 갔다가 학교에서 긴급 유신헌법 위반으로 구속이 돼 있어요. 속이 상해서 동생 면회하고, 동생하고 같이 학생운동하다 들어간 가족들도 만나보고. 너무 가슴이 아픈 거예요. 동생이 감옥에 가 있으니 저는 동생을 어떻게 좀 석방을 시켜야겠다 싶어서 학부모들을 만났죠. 그러면서 여러 인권단체도 알게 됐고 구속자 가족들 모임에도 나갔죠. 그러다가 1979년도에 박정희가 사망하고 동생이 11월엔가 석방이 됐어요. 근데 또 12·12 군사반란이 터졌어요. 동생이 학교로 돌아갔는데 학생운동을 다시 한 거죠. 서울에 있는 각 대학 학생회들이 모여서 전두환 퇴진 운동을 하고 그랬어요. 저는 회사 다닐 때라 마음 놓고 동생 후원도 하고 해외에 나갈 준비를 하고 있었어요."

학생운동하는 동생,
날마다 들이닥친 경찰

"나하고 동생하고 둘이 자취를 하는데 동생은 계속 안 들어오고 경찰들만 들이닥치는 거예요. 동생은 학교도 못 있고 피신해서 있을 수밖에 없고. 경찰들하고 나하고는 맨날 싸우고. 경찰들은 그냥 구둣발로 자취방에 들어와서 다 뒤집어엎고 가는 거예요. 자취방이 저기 미아리에 있었는데 어느 집주인이 좋아해요? 그래서 집을 옮기면 어떻게 알고 또 와서 그러고. 경찰들하고 무척 싸웠어요."

대자보를 썼어요
내가 할 수 있는 게 이런 거밖에 없겠다 싶어서

"제가 1980년 5월에 광주에 내려갔어요. 친구가 결혼한다고 해서요. 5월 13일 날인가, 14일 날 가서 5월 16일 날 올라왔어요. 나중에 친구들이 제가 16일 날 안 가고 18일까지 있었으면 저는 거기서 죽었을 거라고 하더라고요. 16일 날 올라오는 길에 광주 금남로에서 택시를 타고 고속버스터미널에 가려고 하는데, 학생들이 유인물을 한 장씩 주더라고요. 내가 몇 장을 더 받았어요. 내가 서울 가서 알리겠다고 하고는 더 가져왔죠. 그때는 봉쇄가 안 됐거든요. 16일날 올라와서는 제가 대자보를 썼어요. 전에 동생이 학과에서 쓴 성명서 내용들 생각하면서 부마항쟁이랑 12·12 군사반란 뭐 10·26 사태랑 김재규, 박정희 이런 내용을 썼어요. 광주 내려가기 전에도 쓰고는 있었는데요. 나중에 붙이려고요. 동생이 도망다니고 하는 것이 결국은 민주화운동 때문에 그런 건데 내가 할 수 있는 게 이런 거밖에 없겠다 싶어가지고 조금씩 썼죠. 며칠간 밤마다 쓰고 해 가지고 한 10일 동안 전지 한 40-50 장 썼죠. 그거를 광주에서 가져온 유인물하고 같이 붙였어요. 명동 입구, 을지로, 1호선 전철역 이런 데로 해서 서울 시내 곳곳에 붙이고. 동대문이랑 고속버스터미널 그런 데 다 붙였어요. 아침에 나갈 때 가방에다가 전지를 접어서 한 다섯 장씩 가지고 나가요. 저녁에 퇴근하고 들어오면서 다 붙여요. 그렇게 한 50장 붙이며 다니다가 마지막 날에 한 장이 남았어요. 수유리 우리 자취방 앞에 신일 중고등학교가 있거든요. 거기 학교 건널목 앞에 큰 건물이 있어서 벽에다가 대자보 마지막 한 장을 붙이고 돌아서는데 누가 있더라고. 동생 검거하려고 나왔던 수사본부에서 우리 자취방 부근에 잠복하고 있다가 날 잡아갔죠."

김대중을 알지도 못하는 사람이고
그 사람 때문에 피해본 게 난데

"북부경찰서 끌려가서 일단 간략하게 조사하고 나서 합동수사본부로 넘기더라고요. 군 합동수사본부로 들어가니까 거기는 전부 계급장 없는 군인들이에요. 다 계급장 없이 무조건 뭐 벗겨 놓고 옷 하나도 못 입게 하고 무조건 두들겨 패더라고. 그래가지고 정신을 잃을 때까지 두들겨 패고. 하도 추워서 일어나보니까 밖에서 물을 뿌렸더라고요. 군복을 하나 주길래 입고. 그때부터 고문하고 조사하고 고문하고 조사하고, 계속 했어요. 이걸 왜 붙였냐, 누가 시켰냐, 공범 대라 그러더라고요. 나중에는 김대중이가 시킨 거 아니냐, 그래요. 김대중이 왜 거기서 나와요. 김대중 얼굴도 못 봤고 알지도 못하는데? 내가 군대 생활 할 때 그 사람 한 번 찍어가지고 평생에 피해를 본 사람이 나다, 난 그 사람 알지도 못한다, 근데 왜 내가 그 사람 때문에 고문을 당해야 하냐? 따졌죠. 그러니까 같은 광주 사람인데 왜 모르냐, 전라도 놈이면 알아야지, 빨갱이 놈들은 거짓말하는 수법이 이렇다는 식으로 반복해서 똑같은 질문을 100번 물어보면은 정말 미쳐요. 100번 똑같이 대답을 하지 않으면 거짓말이라고 간주해가지고 또 고문하고. 그렇게 자술서를 쓰게 하는데 앞에 쓴 거하고 또 비교를 해요. 대조를 해가지고는 또 거짓말이라고 하면서 다시 쓰라고 고문하고. 사람이 미쳐버리죠. 옷은 다 젖었고 얼마나 추워요. 지하실에서 받으니까. 근데 그 불빛에 잠을 못 자요. 잠자면 옆에서 때려가지고 못 자게 깨우고. 나중에는 저절로 쓰러져요, 바닥에. 이런 고문을 어디서 배웠는지. 이 사람들이 전부 일본 순경들한테 일제 때 배운 걸 그대로 쓴다고 하더라고요."

오경열의 이야기를 듣던 우리 중 누군가가 오경열에게 "힘드시면 말씀 안 하셔도 돼요"라고 말을 건냈다. 말을 꺼내고 기억을 나누면 치유가 되기도 하지만 끔찍했던 기억을 다시 되살리는 일은 분명 고통스럽고 힘든 일이다. 오경열의 말은 몰입하게 하는 힘이 있었다. 그래서 그가 느낀 고통까지도 전부 전해져오는 듯했다. 그는 무언가 책임지려는 듯 계속 이야기를 이어갔다.

베트남전쟁에 참여한 것 자체가
자의든 타의든 굉장히 부끄럽게 생각해요

"저는 제 가족에게도 베트남 갔다 온 사실을 알리지 않았어요. 제 아내도 몰랐어요. 제가 베트남까지 다녀오고 이런 거, 베트남에 대해서 얘기한 게 그러니까 석미화 대표 만나서 얘기가 나온 거예요. 과거에 민주화운동을 하면서 수배당하고 그러니까 도망을 다녀야 하잖아요. 그러니까 제 자취방이나 이런 데는 책이나 이런 게 하나도 없었어요. 전부 다. 심지어 제가 공부하고 있는 전기 책까지 전부 다 탈취해 갔어요. 그러니까 집에 내 기록이 있을 수가 없어요. 제 기록을 저희 형님 집에다가 숨겨놓고 그랬는데 나중에 형님 집도 털렸거든요. 나중에 보니까 형님 집에 제가 베트남전쟁 다녀왔을 때 사진 몇 장이 있더라고요. 그 앨범을 보고 내가 기억을 한 거죠. 월남이라는 곳을 내가 다녀왔구나."

그는 고문받은 이야기를 어렵게 지나 다시 베트남전쟁에 대한 생각을 들려주었다.

"사실 잊혀진 전쟁이라고 사람들은 생각해요. 50년이 지났으니 사람들은 기억도 하지 않지만, 또 기억하기 싫은 전쟁이거든요. 더군다나 거기에 따라오는 학살 문제. 미군이 미라이에서 학살하고 청룡부대, 맹호부대가 학살하고, 이런 부분을 들추는 걸 정부와 관련단체는 없는 사실이라며 덮어두려 하고, 우리의 부끄러운 파병 역사거든요. 그걸 미화해서 지금 우리 대한민국이 UN에서 세계평화 유지군으로 평화 유지 활동을 하고 있어요. 그러기 전에 우리가 했던 과거도 돌아봐야죠. 어두운 과거는 덮어놓고 있는 이런 상황들은 올바르지 않다고 생각합니다. 참전했던 군인들은 거의가 그런 부채 의식을 가지고 있을 거예요."

한국군 민간인 학살에 대한 입장 또한 참전군인 안에서 다양하게 존재한다. 오경열은 과거를 돌아보아야 한다는 입장과 나아가 국가는 희생된 사람들에게 사과하고 위로할 의무가 있다고 이야기한다. '참전 관련 단체'는 이를 부정하는 주장으로 일관하지만, 실제로 참전군인 개개인을 만나면 다양한 입장들이 존재한다. 오경열은 이 문제에 대해 성찰적인 모습을 보여주었다.

"사실 미국이 베트남전쟁에 패하면서 도망가듯 철수해버렸잖아요. 저희는 미군이 철수하니까 철수를 한 거고. 그랬는데 당시에는 우리가 자유의 십자군이라고 했어요. 공산주의를 깨뜨리자, 무찌르자 이런 식으로 그때는 반공을 명분으로 많이 내세웠어요. 미군 용병으로 팔려 가는 건데 박정희 정권이 우리를 자유의 십자군으로 만들었죠. 그렇게 해서 국민 여론을 누르고 우리가 베트남전쟁에서 대리전을 치른 거 아닙니까. 그런데 대리전을 치르고 국내 돌아왔을 때 사실 이 사람들은 완전히 배제가 됐어요. 베트남 참전군인들도 그렇고 베트남에서 온 마지막 철군 병력도 국내에 들어와서 굉장히 소외된 군대 생활이랑 삶을 살았다고 생각하거든요. 이 사람들의 명예회복이라는 것은, 저는 그렇게 생각해요. 참전군인들이 전쟁터에 가서 뭐 학살도 했지만, 전투도 하고 죽기도 하고 이러한 상황 속에서 제대로 조명이 안 됐어요. 그리고 지금까지도 참전군인들은 이슈가 안 되고 있어요. 그냥 떠드는 단체, 말 많은 단체, 귀찮은 단체 이런 정도로만 인식이 되어 있단 말이에요. 극우단체 이렇게. 그런데 그분들이 베트남에서 돌아왔을 때 사실 국가에 기여한 바가 어마어마하게 커요. 지금 우리나라가 이렇게 살 수 있게, 제대로 선진국 반열에 오를 수 있었던 데 가장 큰 기여자가 그때 베트남으로 파병 간 국민들이고 그다음에 이제 독일로 파견 간 간호사하고 광부 들 아니겠습니까? 파견 간호사나 파견 광부 들은 사실 사회적으로 좋은 이미지로 비춰지고 있어요. 근데 베트남에서 죽음까지 불사하며 고생하고 사선을 넘어서 갔다 온 사람들은 완전히 배제가 돼버렸어요. 자기 생명을 담보로 한 참전수당은 병사 개개인에게 국가가 돌려줘야 하는 것 아닌가요? 저는 그러한 부분이 그분들에 대한 명예회복이라고 생각해요. 돈을 바라고 이래서가 아니라, 젊은 영혼들이 거기서 전사하고 돌아와서는 그냥 이름 없이 사라져 버렸잖아요. 그런데 그런 사람에게 어떤 걸 해줬습니까? 국가가 하나도 해준 게 없어요. 다리 잘리고 팔 잘려 나가고 그런 사람들은 상이군경이지만 저희 같은 고엽제 환자들에 대해서는 고엽제후유의증이라는 이상한 명칭으로 뭐 상 중 하, 아니 고도, 중도, 경도 뭐 이런 식으로 고엽제 질병자라 해서 병원 치료 받게 해주는 것밖에 없어요. 저는 그런 치료도 국가가 당연히 해줘야 한다고 생각해요. 원인이 분명한 병이잖아요. 그들에게 최대한으로 되돌려주는 게 국가가 그들의 명예를 회복시키는 거라고 생각해요."

오경열은 민간인 학살에 대한 성찰적 태도와 함께 참전군인의 명예에 대한 소신을 명확하게 이야기했다. 그에게 있어서 참전군인의 명예란 전장에 묻고 온 그들의 생명과 삶에 대해 국가가 돌봄과 존중을 보여주는 것이었다.

"저한테는 잊혀진 전쟁이고 또 생각하고 싶지 않은 추악한 전쟁이에요. 추악하다고 생각했던 것은 베트남전쟁의 이모저모를 알게 되면서부터예요. 내가 이 전쟁에, 그러니까 전투병으로 참여를 하게 되고 하나의 구성원이었다는 게, 그런 상황을 알고 난 이후로 너무 부끄러운 거죠."

오경열은 요즘의 자신을 '자연인'으로 소개한다. 그는 오랜 시간 민주화운동의 길을 걷다가, 그의 어머니처럼 국악 예술을 전공하는 소리꾼이 되었다. 지금은 그 모든 것을 멈추고 자연인으로 살고 있다. 나는 그가 걸어온 삶을 듣고 곧은 '심성'과 '성찰'이라는 두 단어가 떠올랐다. 숱한 폭력의 현장과 생존 앞에 그의 삶을 이끌어온 힘은 무엇일까.

예전에 내게 군대 이야기와 참전 이야기는 '군대에서 이런 것까지 해봤다'는 무용담이나, 참전하여 '국가를 지키고 경제 발전에 기여하였다'는 서사뿐이었다. 평소라면 '꼰대의 이야기'로 치부해버렸을 '그 이야기'는 할아버지의 삶의 이야기로, 현재 나의 이야기로 조금씩 연결되어간다.

후기

생각해보면 나의 삶에 대한 고민은 전부 '만남'으로 시작되었다. 친구들을 만나며 나의 성정체성을 고민하게 되었고, 페스코 채식을 시작했다. 참전군인과의 만남을 통해 '전쟁'과 '평화'라는 거대하고 흐릿한 단어 속 질문이 생겼다. 한 명의 존재를 만난다는 것은 하나의 우주를 만나는 것과 같다는 말이 있다. 조금은 오글거리고 낯간지러운 말이지만 나는 이 말을 좋아한다. 실제로 나의 우주가 그렇게 변화하고 만들어졌으니 말이다.

오경열과의 만남은 내게 역사적 삶과 다양한 입장을 새삼 느끼게 하는 시간이었다. 그의 전쟁은 참담함, 괴로움, 힘듦, 그 속의 잔잔한 즐거움, 애써 발견해내는 새로운 희망과 도전이 아니었을까. 그가 생생한 입담으로 고문과 죽음에 대한 처참한 감정을 이야기할 때면 나는 구술을 듣는 것에 대한 고민을 하게 된다. 그를 다시 괴롭게 하는 것은 아닐지, 또다시 그 괴로움 속으로 들어가지는 않을지. 그래도 그가 이야기하는 평화에 대한 염원을 들을 때면 구술의 힘을 믿고 싶어진다. 참전군인에게 듣는 평화는 '총소리가 나지 않는', '별일 없이 맥주 한 캔 마시는', '내 동료가 죽지 않는'과 같이 상당히 구체적이고 개인적인 염원에서 시작된다. 오경열은 삶의 전환을 꿈꾸고 들어간 군대에서 자신이 수동적인 존재로 느껴졌을 때 탈영을 생각했다. 전투 현장이지만 현실을 벗어던지고 싶은 마음에는 자유롭고 싶은 바람이 함께 있었다.

　전쟁을 겪어보지 않은 나는 참전군인에게 듣는 전쟁이 너무 멀게 느껴지면서도, SNS만 들어가면 확인할 수 있는 전쟁 소식에 '현재에도 전쟁이 계속되고 있구나'를 느끼며 살아간다. 인터넷 스크롤을 올리는 것만으로도 전쟁을 접할 수 있게 된 지금, 참전군인의 표정과 언어를 통해 전쟁을 전해 듣는다는 것은 생소한 동시에 새롭다. 전쟁 당사국을 따지며 적군과 아군을 나누는 것에 심취하고, 연민을 콘텐츠로 삼는 사회에서 참전군인의 구술은 나 또한 전쟁을 일으키는 구조 그 어딘가에 속해 있지 않은지 되묻고 있다.

기록 | **최여울**(이응)

성미산학교에 재학 중일 때 군사기지가 들어선 현장을 다니며 그로부터 파생되는 복합적인 문제들을 만나게 되었다. 쫓겨나는 사람들, 죽임 당하는 생명들을 만났고, 폭력이 당연해지는 순간들을 마주한 뒤부터 비국민, 장애인, 비인간동물 등과 어떻게 관계를 맺으며 살아갈지 고민하고 있다. 폭력의 구조에 절망하기 보다, 소수자와 공존할 수 있는 평화로운 세상을 만들어가고 싶어서 여러 가지 만남과 활동을 시도하고 있다. 그 과정에서 참전군인을 만났다. 동료들 사이에서 이응이라는 이름으로 더 많이 불린다.

일주일에 한 번 월남 마을로 갔지

참전군인
송금술(1946년생)
이야기

"그때는 남들 가니까, 자원입대했지. 부사관학교에 간 거지."
송금술(80)이 말하면 아내가 추임새 넣듯 묻는다.
"군대에서 왜 말뚝을 박았느냐 이거야. 그 이유를 말해달라고!"
그러면 남편이 답한다. "당시에는 무조건 가면 장기 복무
그거였어요. 그래서 지원한 거지, 내가."
"군기는 바짝 들었는데 박력은 없어. 우리 남편이."
군인의 아내는 남편을 거들면서도 나무라고, 나무라면서도 끄덕이며
인터뷰를 돕는다. 다만 한 가지 걱정을 했다. 딸들이 비전투병이었던
아버지의 이야기가 '참전군인'을 대표하여 책에 실린다면
주변으로부터 좋지 않은 말을 들을까 우려한다는 것이었다.
참전군인 송금술의 이야기를 들은 청년 최여울은 딸들의 걱정에
공감하면서도 여러 생각이 들었다. 전쟁에 대한 이미지를 누가
새기고 있는지, 어떻게 새기고 있는지 질문이 쏟아졌다.

우리 동네 가까이에 사는 참전군인

　내가 사는 동네에 '이야기를 들려줄 참전군인을 찾는다'는 내용의 포스터를 붙이고 두 달 동안 두세 분에게 연락이 왔지만 인터뷰까지 이어지지는 못했다. 다른 방식을 찾아야 할지 궁리하던 차에 한 여성분과 연락이 닿았다. 자신의 아버지가 월남에 다녀왔으니 인터뷰를 할 수 있도록 연결해주고 싶다고 했다. 얼마 뒤 그분의 아버지를 만나는 자리가 만들어졌고 항상 아내가 함께했다. 그분들은 나와 아주 가까운 곳에 살고 있었다.

　"아버지 돌아가신 뒤 누님 집에서 어머니하고 살았어요. 형님은 그 당시에 군대 갔고. 형이 제대하고도 형편이 안 풀리니까 누님 집에서 얹혀살았지. 이 일 저 일 하다가 동사무소에서 보조 일을 했어요. 옛날에는 급사라 그랬지. 그러다가 1967년도 5월에 하사관으로 입대한 거예요. 영장도 안 받고. 자원입대했어."

　송금술은 1946년 경상남도 마산에서 태어나 자랐다. 부모님을 일찍 여의고 형, 누나와 함께 셋이 생계를 이어가야 했다. 살림이 넉넉하지 않아서 형은 군대에 갈 수 있는 나이가 되자 입대했고, 막내아들이었던 송금술도 초등학교 졸업 직후 동사무소에서 심부름꾼으로 일을 시작했다. 만 18세가 되자 송금술은 월급과 식사, 주거를 안정적으로 보장받을 수 있는 직업을 얻고자 했다. 알고 있는 직업 중 그러한 조건을 충족하는 것이

119

군인이었다. 그렇게 그는 직업군인이 되고자 부사관학교(당시 명칭 '하사관학교')에 지원했다.

"내가 군대에서 치과 기술을 배웠어요. 부사관 지원하고 입대하면서 치과 보조 교육을 받았지. 대구에서 군의학교 치과 위생 교육받고 마치자마자 청주에 있는 23육군병원이라고, 지금은 없어졌지만 거기서 근무를 시작했지."

청주에 위치한 의무대에서 근무 중 송금술은 진급에 도움이 될까 하여 월남 파병에 자원했다. 직업군인에게 월남 파병은 경력을 쌓기 좋은 기회였다고 한다. 월남에 있는 기간은 복무 기간을 두 배로 계산해 진급에 유리했고 월급도 더 많이 받을 수 있었다.

"월남에서 1년을 있으면 복무 기간을 2년으로 쳐준다는 거예요. 그래서 파병을 지원했지."

호기심 반,
경력 쌓으려고 반

그는 베트남에서 1969년부터 1970년까지 1년 3개월가량 근무 후 귀국했고, 그 덕분에 1년이 지나지 않아 하사에서 중사로 진급했다.

"호기심도 반 있었고!"

그때 아내분이 외쳤다.

"무슨 호기심이야. 전쟁 가는데!"

그러자 그가 변명하듯 이어갔다.

"왜냐면은 국외에 한 번도 안 가봤잖아요. 난 더군다나 치과 병과라서 베트남 가기가 힘들었어요. 자리가 잘 안 나요. 치과는 충원이 많이 안 내려오기 때문에. 내가 (베트남에) 1969년도에 가서 1970년도에 왔거든요. 1970년도까지는 하사로 갔다 왔는데, 1971년도에 중사로 진급했죠."

송금술이 지원한 치의 병과의 경우 특수보직이라 파병 인원이 적었다. 백마부대 의무중대에도 치과 치료를 전문으로 하는 보직은 군의관 1명, 하사관 1명, 사병 1명으로 총 3명뿐이었다. 치의 병과는 파병 TO가 나오지 않아 지원을 해도 몇 달 후에야 월남에 갈 수 있었다.

귀국 이후에 그는 최전방 지역에서 시작하여 화천 15사단 등 주변 부대를 옮겨 다니며 약 16년 간 군 생활을 했다. 그 뒤 서울 등촌동 국군수도병원으로 옮겨 약 12년간 근무 후 1998년 1월에 퇴역했다. 그는 최전방 부대 공병대에 있었던 1-2년을 제외하고는 베트남 파병 기간을 포함해 30년간 직업군인으로 의무대에 복무했다.

치위생 하사관으로 나간
대민지원

"나는 주로 어디에 있었냐면 백마 9사단으로 닌호아 지역에 있었거든. 근무하면서 대민지원을 많이 나갔지. 마을로 며칠씩 나가 있을 때도 있었는데, 보통 하루 나갔어요."

베트남 파병 당시 송금술의 직책은 치위생 하사관이었다. 의무중대에서 군의관의 치과 치료를 보조했는데 주된 업무는 일주일에 한 번 나갔던 대민지원 활동이었다. 주로 나트랑 인근 마을을 찾아가 주민들 치아를 뽑는 일을 했다. 대민지원을 나가지 않는 대부분의 시간은 부대 안에서 한국군의 치과 진료를 보았다.

송금술에게 파병 경험은 해외여행을 가기 힘들었던 1960년대 후반, 새로운 기후와 문화, 풍경을 만나는 일이기도 했다. 베트남의 후덥지근하고 습한 날씨와 갑작스레 쏟아지는 비가 그에게 깊은 인상을 남겼던 건지, 베트남에 대한 기억을 물으면 꼭 날씨 얘기를 꺼냈다. 대민지원을 가서 만났던 '월남 사람들의 냄새'도 마찬가지였다. 자세히 묘사하지는 않았지만 치과 치료를 위해 사람들을 만났을 때 났던 그 특유의 냄새에 대해 자주 이야기했다. 월남 사람들의 위생 상태가 좋지 않았다는 기억의 표현이었을지도 모르겠다.

"월남 가서 대민지원을 많이 나갔어요. 월남 사람 특징이 여름이라 몸에서 냄새가 많이 나요. 냄새야 익숙해지면 괜찮은데, 건기가 있고 우기가 있거든요. 비가 안 올 때는 몇 개월씩 안 오고, 올 때는 몇 개월 내내 무지하게 오고. 그래서 사람들 몸에서 냄새가 많이 나가지고. 백마 9사단 의무중대 치과에 있었으니까 마을에 찾아가서 이빨 뽑아주고 그랬어요. 월남 사람들은 대부분 치아가 나빠요. 이를 제대로 안 닦는지, 뭐 몸 자체에서 냄새가 많이 나요. 왜냐면 거기는 주로 여름이라, 더운 나라라.”

그가 겪은 '대민지원'의
실제와 의미

용산 전쟁기념관 3층 해외파병실에 가면 이런 대민지원 활동이 '장기간 전쟁에 시달린 남베트남 주민들로부터 큰 호응과 지지를 받았다'고 기록된 걸 볼 수 있지만 송금술의 기억은 달랐다. 지원을 나가면 마을 주민들이 반가워했냐는 질문에 그는 이렇게 답했다.

"그렇지도 않아요. 새로 치료하려는 사람은 오긴 오지. 의료비가 비싸니까 우리한테 오는데 개별적으로는 썩 환영하고 그러진 않아. 뭐 얼마나 도움을 줬다 말하기도 어렵지. 우리가 매일 나간 것도 아니고 일주일에 한 번 갔는데."

대민지원에 통역이 따라갔지만 치료 이외의 대화는 없었

고, 베트남 주민들 입장에서는 치료를 해준다고 해도 마을에 총을 들고 찾아오는 군인들을 반겼을 리 만무하다. 송금술은 베트남 사람들을 대민지원이라는 방식으로 만났지만 그것은 만남이라기보다는 접촉이나 대면에 가까웠다. 그럼에도 대민지원은 어떤 의미를 가진 활동일 수 있을까? 송금술은 대민지원이 전쟁 중인 주민들에게 봉사하고 돕는 활동이라고 설명했다. 마을 주민은 베트콩과 달리 죄가 없으니 서로 도와야 한다는 것이었다.

"치과 진료를 해주면서 친해지고 하는 게 전쟁을 억제하는 그런 힘을 길러주잖아. 나는 그걸 얘기하고 싶어요. 계속 전쟁만 하면 절대로 평화가 안 이루어지잖아요."

송금술은 대민지원 나가는 일이 재미있었다고 말하기도 했다. 이 대목에서 대민지원이라는 작전으로서의 의미보다 그것을 수행했던 개인의 경험을 들어보고 싶었다.

"나는 전투는 안 나가고 대민지원을 많이 나갔어."

송금술과의 만남에서 가장 많이 들었던 문장으로, 인터뷰 중간중간 툭툭 튀어나왔다. 듣는 사람의 입장에서는 참 난감했다. 이야기의 가지를 다른 방향으로 뻗어보려 할 때마다 번번이 돌아오는 이 답변에 질문이 가로막혔다. 그런 순간마다 아내는 답답하다는 듯 타박을 하거나 웃으며 재촉했다. "그게 아니라 이걸 물어보는 거야" 하면서 말이다. 이를테면 첫 만남에서는 이런 대화가 자주 반복되었다.

"(송금술) 근데 저는 월남 가도 치과부에서 근무했기 때문에 작전 같은 건 안 하고. 대민지원 가서 월남 사람들 이빨 뽑고 치료해주고 그거를 많이 했어요. 일부는 때우는 것도 해줬지. 뭐 아말감 같은 거 해가지고."

그러곤 다시 반복했다.

"솔직히 얘기하면 나는 괜찮았어요. 베트남을 가도 뭐 작전은 별로 안 나가봐가지고. 나는 주로 대민지원을 많이 나갔거든. 열대지방이라서 그런지 몰라도 베트남 사람들이 순해요."

아내가 다른 주제로 이야기를 끌고 가려고 해도 그는 결국 '나는 대민지원밖에 안 했어요'라는 말로 돌아왔지만 사이사이 베트남전쟁에 대한 그의 생각이 담긴 문장들을 들을 수 있었다.

"(송금술) 그때 우리나라가 제일 가난할 때 아니었어! 월남 갈 때 우리가 도와주러 간 거지. 뭐, 나는 대민지원밖에 안 했지만."

"(아내) 가난해서 전쟁터로 가? 죽으러?"

비전투 경험은
전쟁 이야기가 아닌 걸까

대민지원 업무를 나갔으며 작전은 별로 안 나가봤다는 이 문장은 주로 '전투 이야기는 해줄 게 없다', '월남은 다녀왔지만 특별히 기억에 남는 경험은 없다'는 의미로 자주 쓰였다. 어떻게 보면 '전투병이 아니라서 말할 것이 없다'거나 '맡았던 일'은 '전쟁의 위험을 느끼지 않아도 되었다'는 뜻으로 읽히기도 했다. 내가 고엽제후유증 등을 질문했을 때도 비슷한 답변을 했다.

"다들 고엽제 때문에 많이 고생했지. 나는 다행히 안 걸렸어."

이때 아내가 덧붙였다.

"우리 아저씨는 전쟁하러 막상 현장에 간 건 아닌데, 의무대를 하다 보면은 간접적으로 자신도 모르게 피해를 입을 수가 있대요. 그래서 아프고 나서 보훈처에다가 고엽제 신청을 했더니 나왔어요, 보상이."

"(송금술) 고엽제로 지금까지 고통받는 사람이 있을 거야. 나는 크게 걸려보진 않아서, 작전 지역에는 안 들어갔으니까."

"(아내) 당신 암 걸렸잖아."

송금술은 몇 해 전 암 투병을 했고 보훈처에서 고엽제후유증으로 인정을 받았다. 하지만 그 자신은 고엽제에 크게 걸리지 않았다고 말한다. 아내 말처럼 베트남의 전쟁터에서는 고엽제를 직접 맞거나 살포하지 않았더라도 충분히 노출될 수 있는 환경이었다.

이렇게 끊어지는 이야기들 사이에서 비전투원으로서의 위치에 대한 질문이 생겨났다. 전장에서의 비전투 경험은 왜 전투 경험에 비해 의미 없는 일로 여겨지며 선뜻 말하기 주저하게 될까?

대부분 '참전'이라는 단어를 들으면 흔히 총을 들고 싸우는 이미지를 떠올리고 '전쟁'이라는 단어에서도 치열한 전투가 벌어지는 장면을 연상한다. 전투는 전쟁의 승리와 직결되는 일로,

전쟁 영웅이란 주로 이러한 전투 현장에서 공로를 세운 이들이다. 가부장적 사회에서 싸움은 강인한 남성성을 상징하기도 한다. 이런 배경 아래 우리는 암암리에 '전장에서 활약해야 우수한 병사고, 전투를 해야만 진정한 군인이다'는 것을 아무런 저항 없이 받아들인다. 그런 전쟁 서사에서 비전투부대원으로서의 참전 경험은 점점 작아지고 비가시화되고 있다는 것을 발견했다.

그의 전쟁터는
그리 무서운 곳이 아니었다?

송금술에게 베트남에 다녀온 이야기를 다른 사람에게 처음 이야기하는 느낌이 어떤지 질문했다.

"(아내: 뭐, 나쁠 건 없어요. 괜찮다고 생각해요.) 저는 월남 가서 전투를 안 하고 맨날 대민지원만 했거든요. (아내: 경험을 얘기해서 책으로 낸다니까. 뭐, 좋으면 좋지 나쁠 건 없잖아.) 별거 없어. 대민지원 나갔을 때는, 뭐. (아내: 대민지원 그만 얘기해. 알겠어, 대민지원 얘기 좀 그만해.)"

수많은 전쟁 서사에서 이야기되는 전쟁터는 공포스럽고, 잔혹하고, 폭력적인 곳이다. 하지만 송금술의 이야기 속에서 전쟁터는 그리 무서운 곳이 아니었다. 그는 월남 파병을 군 생활 중 경력을 쌓기 위해 했던 업무이자 해외에서 고생했던 일 정도로 묘사하면서 할 말이 별로 없다고 표현했다.

내가 의무중대 있으면서 부상자들도 많이 보았을 텐데, 그때 무슨 생각이 들었는지 다시 물었다. 그때에도 송금술은 이렇게 답했다.

"나는 대민지원 많이 나갔고. 근데 대민지원을 많이 나갔어요. 사건은 별로 없고."

그는 자신의 전쟁 경험을 가족이나 가까운 이에게 해본 적이 있을까. 발화와 듣기, 공감과 이해 사이에서 송금술은 어떤 경험을 이어가고 있을까. 이에 대한 답은 아내가 대신 들려주었다.

"(아내) 월남 간 이야기 같은 거는 잘 안 해요. 말주변도 없고."

"(송금술) 나는 작전을 안 나가고 주로 대민지원을 많이 나갔기 때문에. 베트콩을 잡아가지고 뭐 어떻다 하는 그런 거는 없어가지고."

"(아내) 또 그 소리야. 알았어. 그만, 그 얘긴 그만해. 베트콩은 당신이 죽이지도 못해. 당신은 마음이 약해서 못 죽여."

송금술의 이야기에는 무용담이 없었다. 30년 군대 생활도 재미있지 않았다고 했다. 그렇게 송금술의 이야기는 전투 경험을 중심으로 논의되었던 참전 서사에서도, 군인으로서의 전형성에서도 벗어나 있었다.

후기

　　내가 만난 참전군인 송금술은 자주 '별거 없어'라고 대답했다. 나는 예상치 못한 요소들을 계속 만났다. 짧고 반복적인 답변, 부족한 정보, 에피소드 없음, 큰 굴곡이 없는 이야기들이 등장했고, 전쟁 경험에 대한 가벼운 인상이 드러났다. 전체적으로 이야기의 분위기가 평이했다. 어떻게 이야기를 들어야 할지 고민스러웠다.

　　대민지원에 대한 새로운 내용을 중점적으로 다루기에는 정보량이 절대적으로 부족해 보였고, 키워드를 뽑을 때도 고민이 되었다. 비전투병은 전투병에 비해 비가시화되는 현실에 대해 써야 할까? 인터뷰 중 잠깐씩 나왔던 군대 내 계급주의에 대한 불만을 중심으로 이야기를 더 풀어봐야 할까? 어디에 주목하여 이야기를 끌어갈 것인지 찾을 수 없어서 난감하고 아쉬웠다. 그렇게 그의 이야기를 어떻게 듣고 말해야 할지 고민을 이어가다가 '참전군인에게서 들을 수 있는 이야기'로 내가 무엇을 상상했던 것인지 돌아보았다. 나에게 '취지에 맞는 이야기'만 수집하고 싶은 마음이 있었던 것일까? '전쟁을 경험한 사람이라면 해 줄 법한 이야기'가 무엇일지 미리 상상하고 있었던 것은 아닐까? 그렇다면 나는 이 '기대와 다름'을 어떻게 대해야 하며, '들을 수 없는 이야기들'을 잘 들어보는 방법은 무엇일까. 명확한 답을 내리기는 어렵겠지만, 적어도 내가 마음속에 이미 세워놓은 서사에 맞춰 그것을 해석하기보다 '왜'를 다시 질문해보고 싶었다. 나는 처음으로 돌아가 그의 이야기 속 무엇이 나의 예상 밖에 있었는지 찾아보고 싶었다.

송금술의 비전투 경험들, 평범한 일상과도 같은 전쟁, 거창하지 않은 이야기들은 낯설었다. 또 우리의 질문은 서투르고 어색했으며 송금술의 말하기도 유창하지 않았다. 그러나 오히려 그렇기에 아쉬움인지 호기심인지 오기인지 모를 것들이 나를 고민하게 했고 질문을 일으켰으며 다음 번의 만남으로 이어지게 만들었다. 혼란스러움은 나를 지치게도 했지만 인터뷰를 이어갈 수 있는 새로운 동력이 되기도 했다.

송금술을 만나기 전 두 달가량 여러 방식과 시도를 통해 참전군인을 섭외하려 노력해보았지만 쉬운 일이 아니었다. 전쟁 이야기를 꺼내기 망설이는 참전군인들이 많았다. 어렵게 연락이 닿더라도 본인이 거절하거나 가족들이 먼저 선을 그었고 가족 사이에 갈등이 일어나 만날 수 없는 상황이 발생했다. '들려줄 만한 이야기가 없다', '가족들도 월남 이야기는 들은 게 없다', '과거 이야기를 하기 부담스럽다', '건강상 긴 시간 말을 하기 어렵다'는 난감함이 담긴 거절의 말들에서는 발화를 가로막는 장벽이 보였다.

참전 경험은 사회적 관계망 속에서 다른 많은 것들과 얽혀 기억된다. 가부장적 사회 통념, 민간인 학살의 가해자라는 시각, 고엽제후유증, 외상후스트레스장애 등 여러 방면의 이슈들이 참전군인 개개인의 이야기 속에 얽혀 들어가 있다. 그러니 참전 경험은 참전군인 개개인에게 복잡하고 사적인 기억이 되고는 한다. 참전은 이후 삶과 가족 간의 관계에도 영향을 끼친다. 우리의 섭외 시도에서 인상적이었던 부분은 이와 같은 반응을 참전군인의 가족들도 보인다는 점이었다. 오랜 시간 함께 살아온 가족들에게도 참전했던 경험이 거의 공유되지 않는 소통의 단절이 있었거나, 옛 기억을 더 이상 재조명하기 힘들다는 과거와의 단절이 있었다. 이러한 이야기를 타인에게 기꺼이 나눌 수 있는 사람이 있는 한편, 그러기 힘든 사람도 있었다.

　　참전군인을 만나려 시도하고, 그 과정에서 남은 것들은 오히려 이러한 거절과 끊어짐 따위의 지점들이었다. 송금술의 이야기도 마찬가지였다.

　　구술 활동을 하며 전쟁 기억은 개개인에게 다양하게 남아 있음을 확인할 수 있었다. 전쟁은 여러 작은 분과로 나누어지고 분과마다 개인들이 소속되어 구성된다. 이때 작은 한 부분에 종사하는 이들이 체감하는 '전쟁'에서는 고통이나 폭력이 나타나지 않는 상황이 생긴다. 어떤 전투병의 이야기 속에서는 치열한 전투가 기억에 생생하게 남아 죄책감과 트라우마를 가져다주는 반면, 송금술과 같은 경우 평범한 일상에서 지나갔던 일이기에 특별하지 않은 흐릿한 기억으로 남아 있었다.

　　송금술과 아내, 두 분과의 만남을 정리하며 이 '전형적이지 않음'과 '별거 없어'라는 태도를 어떻게 해석하고 받아들여야 할지 고민이 되었다. 전쟁을 어떻게 이렇게 '일상적'이고 '평범'하게 기억하고 있는 것일까? 송금술의 이야기를 따라갈수록 전쟁 이야기에는 전투 장면만이 아니라 다양한 위치에 서 있는 사람들의 이야기도 존재한다는 것을 알았다. 오히려 비전투 경험을 말하는 부분을 더 자세히 들여다보았을 때, 전쟁 경험을 폭넓게 상상할 수 있었다.

    송금술의 이야기는 무언가가 '없는' 부족한 이야기가 아니라 '다른' 방식의 경험과 말이었다. 예상치 못한 이야기들, 해석하기 어려운 이야기들, 혼란스러운 이야기들이 더 전쟁의 진실과 닿아 있는데 우리는 이런 이야기들을 감추거나 가리는 사회에 살고 있는 건 아닐까. 그러한 이야기들을 더 많이 마주하다 보면 참전군인의 목소리에 다양성을 부여할 수 있게 되지 않을까.

    전쟁에 참여한 개개인이 모두 '전쟁'의 거시적인 목적 따위를 상기하며 일하기는 어렵다. 자신의 눈앞에서 벌어지는 일들을 바탕으로 상황을 인식하며 일상을 살아갔을 수 있다. 그러니 누군가의 전쟁은 고통스럽지 않을 수 있으며 그저 업무의 연장선이자 일상이었을 수도 있는 것이다.

    이러한 지점을 바라보니 누군가에게 직접 폭력을 가하지 않는 일상적인 방식으로도 전쟁에 가담할 수 있도록 하는 시스템이 무서워졌다. 만약 내가 전쟁에 참여하는 상황에 놓이더라도 그러한 복잡함 사이에 가려진 폭력을 인지하기 어려울 것 같았다. 전쟁의 다면적인 구성과 개개인의 경험 사이에서는 단절이 일어나기도 한다. 폭력을 인지하지 못하게 하는 힘이 작용하고 있는 것이다. 전쟁과 군사주의와 같이 거시적인 것은 국가 시스템을 통해 쉽게 미시적인 일상에 침투하지만 그것을 인지하고 경계하기는 어렵다.

현재를 살아가는 우리가 인지하지 못하고 있는 '전쟁'은 또 무엇이 있을까? 그 존재를 알게 된다면 어떻게 달라지고, 어떻게 행동할 수 있을까?

기록 | 노예주 X 박정원

예술가이자 성별, 나이, 종교, 성적 지향, 장애, 지역, 국가, 계급, 종 등의 조건들로 인한 차이가 차별이 되는 구조에 반대한다는 공통점이 있다. 이러한 지향점과는 다른 시간을 살아온 최홍희 참전군인을 만나면서 '듣기'에 대한 고민을 확장했고 공동집필을 시도했다.

나는 군복을 입고
살아갈
운명이었나 봐

**참전군인
최홍희(1949년생)
이야기**

최홍희(77)는 지금이라도 베트남전쟁에 또 갈 자신 있다며 허허 웃는다. 그는 어머니가 40세에 낳은 늦둥이로 4남 4녀 중 여섯째였다. 형제자매 중 유일하게 경상북도 상주시에 나가 고등학교를 다녔고 집안의 기대를 많이 받았다. 그래서 한평생 가족들에게 살뜰할 수밖에 없었다고 말한다. 작은 권유나 부탁도 뿌리치지 못했다. 직업군인이 된 것도 아버지가 사관학교에 들어가기를 원했기 때문이다. 1972년에서 1973년 철군 시기까지 포병 관측장교로 약 8개월간 베트남전쟁에 참전했다. 한국으로 돌아와서 한동안 군 생활을 더 하다가 13년 차 되던 해에 퇴직했다. 이후 직장 중대장을 거쳐 예비군을 관리하는 동대장을 26년 동안 수행했다. 38년간 군과 연결된 삶을 살아온 셈이다.
1988년 무렵부터는 부천에서 참전 관련 단체 활동을 시작했다. 2014년 즈음에는 부천에서 지회장을 몇 해에 걸쳐 계속했고, 이후 도 지도부에서 조직부장을 하며 활발히 활동했다. 그는 현재 무공수훈자회 부천시지회 지회장이고, 대한국방교육진흥회에서도 열정적으로 활동 중이다.

한국전쟁이 남긴 불발탄

"엄마가 나를 1949년도에 낳았잖아. 1950년에 피난가는데 '오다 낳았냐'고 묻더라는 거야. 내가 작아가지고. (일동 웃음) 낳은 지 1년 됐는데. 엄마가 그러더라고. 젖이 안 나와갖고 홍시 멕이고 했다고.

우리 동네가 낙동강 바로 옆에 있어. 그 아래 갯벌에 우리 밭도 있거든. 6·25 때 남쪽으로 밀려 내려왔잖아. 낙동강에 그때 쏜 포탄이 많아. 거기가 엄청 격전이 이뤄졌던 곳이니까, 거기에 폭격을 많이 해가지고. 그러니까 우리 집도 피난간 거 아니야. 나 어릴 적에 옆집 사람이 낙동강에 있는 불발탄, 그걸 가지고 고기 잡는다고 하다가 죽었어. 불발탄을 주워서, 갖고 와서는 탁탁 쳐가지고 고기 잡고 그랬거든.

또 한번은 동네 사람이 군인인데 휴가 나와서 그거 구경하다가 죽고. 그거 하던 사람은 이마가 조금 날아가서 눈이 멀어 돌아갔지. 우리 어릴 때는 강에 폭탄 껍데기가 많았어. 1950년대 중후반 정도까지 있었어. 그 아저씨가 고기 잡다 돌아가셨을 때가 나 초등학교 4학년 땐가 그래."

최홍희는 이야기하는 걸 좋아하는 것처럼 보인다. 친절한 말투로 어릴 적 이야기를 웃음 지으며 들려준다. 그는 전쟁 후유증이 짙게 남은 동네에서 유년기를 보냈다.

남아선호사상과
가부장제의 영향 아래

최홍희의 아버지는 자식들만 남겨두고 일본과 만주를 떠돌았고 어머니와 큰 형수가 집안일을 맡아 하며 자식들을 돌봤다.

"모르지, 뭐 하러 갔는지. 그것까진 내가 못 물어봤지. 아버지가 일본에 있다가 만주에 있다가 한 몇 년……. 우리 집이 딸이 넷, 아들이 넷인데 제일 큰 형님하고 둘째 형님하고 나이 차이가 꽤 많아. 한 십몇 년 되지. 그래도 뭐, 우리 집은 동네에서 잘사는 편이었어. 우리 집에서 나는 고등학교, 지금 미국 가 있는 둘째 형님은 중학교 나왔고 나머지는 초등학교로 끝이야. 중학교 나오기 어려웠어. 초등학교 때 우리 여자 동기들은 한 명도 중학교 안 갔어. 남자 동기들도 두 명인가, 세 명 갔는가?

큰형님이 장남이니까 아들 낳아야 하잖아, 그 시대에는. 근데 딸을 낳았어. 그다음에도 딸, 또 딸! 마지막이겠지 하고 낳은 애도 딸이야. 아버지도 장남이고 형님도 장남인데 손은 이어야 할 거 아니야. 그래서 또 낳았는데 그게 아들이야. 그러니까 고놈은 우리 엄마가 맨날 업고 댕기는 거지. 얼마나 귀한 손자야. 그러다 보니까, 이제 형수가 맨날 일거리가 많지. 삼촌들도 다 챙겨야 할 거 아니야. 지금은 들에 나무하러 댕기는 사람이 없을 거야. 그때는 우리 엄마도 산에 가고 들에 가서 나무해갖고 불 때고. 우리 형수는 들에서 일하고 집에서 일 많이 했고. 그러니까 내가 집에 와서도 안 까불고 조용했어. 지금도 내가 형수한테 잘하지. 잘할 수밖에 없고. 어떡할 거야."

나는 군복을 입고 살아갈 운명이었구나

"사람 운명이라는 게 있다고 꼭 느껴. 학교 댕길 때 내 공부 실력이 한 14등에서 15등 왔다 갔다 했어. 그때만 해도 대학교 어딜 가야 할지 생각할 거 아니야. 그래도 내가 체면이 있잖아! 이왕이면 고대 법대를 한번 가자, 그랬어. 그때는 서울 법대보다 더 센 게 고대 법대야. 지금 생각해도 말이 안 되는데, 그래도 사람이 자존심이 있지, 그런 마음을 먹고 있는데 어느 날 집에 갔더니, 딱 토요일 날인데 아버지가 '야, 너 육사 시험 좀 봐라' 그러셔. 육사가 어려웠거든. 지금도 그렇지만 그때는 돈 없는 놈이 더 많았잖아. (웃음) 그러니까 더 육사를 가려고 했지. 나는 실력이 안 되는 걸 아니까 생각도 안 했는데 부모가 그렇게 말씀하시는데 '에이, 아닙니다' 이럴 수 없잖아. 그러면 원서 써야 할 거 아냐. 근데 원서를 병무청에서 쓰잖아. 참 내가 그때 좀 좋게 보면 순진한 거지. 일요일 날 대구에 있는 병무청을 간 거야. 근데 일요일이라 근무를 안 해. 그 생각도 없이 아버지가 하라니까 그냥 대구를 갔어. 하여튼 문 잠겼잖아. '아버지, 오늘 가니까 문 잠겨가지고 안 하는데요' 그러니까 '그래?' 하시더라고. 근데 또 웃기는 게, 그게 운명이야. 그 다음 날이 지원이 끝나는 날이야. 뭐 어떡해. 그렇게 원서도 안 넣고 육사는 게임 끝난 거야. 그리고 이제 맘 먹은 대로 고려대학교 시험을 봤지. 육사도 안 되는데 고대 법대를 봤으니, 지금 생각해도 참 정신 나간 놈이지. (웃음) 딱 떨어졌어. 그때는 후기라는 게 있었지. 그러면 경희대 신문방송학과를 가자 했어. 거기도 어렵지만 해볼 만하더라고. 그래서 발표할 때 가봤어. 찾아보니까 있어? 없지. 서울에 있는 대학교의 전기 후기를 다 떨어졌으니까 할 게 없잖아. 시골로 가서 농사를 지을 수도 없고 해서 서울 형님 집에 있었는데, 하루는 형님이 '너 어디 좀 가라' 그러더라고. 노는 놈이 형님이 가라면 가야지 별수 있어? 그래서 공장에 다녔는데 내가 공장하고는 참 안 맞더라고. 한 6개월 다니다가 그만뒀어. 나는 참 그게 운명이라고 생각하는 게, 어느 날 형님이 퇴근하고 오면서 3사관학교 인원 모집하는 걸 본 거야. 그게 생긴 지가 얼마 안 됐을 때거든. 형님이 전단지를 갖고 와서 '야, 니 이거 시험 봐볼래?' 그러더라고. 노는 놈이 안 본다고 할 수 없잖아. 봐가지고 떨어지는 게 낫지. 그래서 시험을 봤어. 그러고 시골 갔다가 올라왔더니 합격했다는 거야. 아버지가 나를 군대 넣을라고 했었는데 안 됐던 거를 다시 아들이 이렇게 엮어가지고서 내가 가는구나, 그래서 '아, 나는 결국은 군복을 입고 살아갈 운명이었구나' 했지. 지금도 내가 군복 입고 있고 어제도 내가 군복 입고 어디야, 시청에 갔다 왔어."

포병이니까,
경험 삼아 월남에 갔지

"나는 1972년도 6월 11일 날인가 월남 갔다가 8개월 뒤에 철수했어. 원래 보병들은 1년씩 있었는데, 포병은 장교를 많이 보내기 위해서 6개월을 시켰어. 전쟁터에 가서 실제로 관측해서 쏘는 걸 많이 연구하라고 그런 거지. 나 같은 경우는 왜 8개월 했냐면 내가 파병 가고 6개월쯤 뒤에 휴전협정이 된 거야. 그 바람에 새로 교대할 필요가 없으니까, 2개월 더해서 8개월 했지. 우리는 모르고 베트남에 갔는데, 우리가 배에서 내릴 때 다른 사람들은 철수하잖아. 그 사람들이 이제사 뭐 하러 오냐고, 이미 월남전 다 끝났는데 뭐 하러 오냐 그랬어. 나는 뭐 경험 쌓는다고, 좋다고 따라간 거지. 아무래도 전쟁 때 갔다 온 놈하고 안 갔다 온 놈하고 진급이 다를 거 아니야. 전과를 올리고 훈장도 받고 하면 아무래도 유리한데, 우리는 포병이라서 그냥 참전만 했고 남을 지원해주다가 온 거야. 보병들은 병사들 끌고 다니면서 작전을 하잖아. 우리는 보병들 가는 데 포탄 띄워주는 거지. 그래서 '나는 그래도 군대 경력을 위해서 한번 가야겠다' 생각해가지고. 매복을 서면 좀 위험할 여지는 있는데 우리는 보병들만 따라가면 되니까. 나는 베트콩 얼굴도 한 놈을 못 봤어. 그러니까 나는 혜택 본 거야. 적군 얼굴도 안 보고 왔다면 '저 자식이 월남 갔다 온 거 맞아?' 하는데 나는 장교라서 병사들하곤 다르지. 그리고 포병이 눈앞에 베트콩을 두고 포를 때리지는 않잖아."

관측장교,
포탄 좀 때려봐

최홍희는 베트남 남쪽 캄란만에 위치한 백마 30연대 포병 관측장교였다.

"관측장교는 사실 쉬워. 봐봐, 만약에 여기 아군하고 적군하고 대치하고 있어. 사람이 많으니까 요거 총 쏴가지고 몇 명 잡기는 어렵다, 그러면 거리가 예를 들어서 한 400-500미터 된다, 그러면 여기서 좌표를 찍어가지고, '야, 좌표 어디 어디에 포탄 얼마, 띄워!' 하면 그냥 포탄을 갖다 떨어뜨리는 거지. 그러면 아군들은 총 안 쏴도 적을 잡을 수 있는 거 아니에요. 보병들이 갈 때는 관측장교를 꼭 데리고 가. 왜냐하면 지들이 총 쏴도 안 될 만큼 급하면 포탄을 때려야 할 거 아니에요. 언제 적을 만날지 모르잖아. 갑자기 생각도 안 했는데 만났다, 그러면 때려야지! 월남서는 일단 부대 안에서는 그럴 일 없지만 나갈 때는 일단 이 사람을 누가 보호를 해줘야 하잖아. 보호할 사람이 아무도 없잖아. 우리 관측장교는 혼자 댕길 일이 없어. 혼자 어디 가서 포탄 띄울 일이 없잖아. 그러니까 보병들이랑 같이 움직이는 거야. 위치는 내 마음대로 띄울 수가 없어. 작전은 중대장이 하잖아. 중대장이 '야, 관측장교, 저거 한번 포탄 좀 때려봐' 하면 때리고 내 마음대로 못 때리는 거지.

작전 나갈 때 한 줄로 가면 한 5미터 앞에 사람이 보일락말락 해. 제일 앞서는 애들이 첨병들이야. 첨병은 풀을 없애가면서 앞으로 나가니까 뒤에는 그냥 졸졸 따라가기만 하면 돼. 첨병이 제일 앞에 가고 첨병 소대, 그다음 소대, 중대본부, 중대장, 무전병 이렇게 가고, 다음에 우리 관측장교랑 무전병. 요렇게 걸어간다고. 그러니까 인제 우리는 그냥 졸졸 따라가면 돼. 하는 게 없어."

처음이자
마지막으로 던진 포

"정글이 거의 한 20-30미터 이상이야. 하늘 안 보여. 사람 가는 데가 아니니까, 아니 풀이 키보다 크니까. 그래서 만약에 누가 나한테 포탄을 띄우라고 하면 나는 나무를 쳐다봤어. 아무것도 안 보이잖아, 어디까지 왔는지 몰라. 내가 처음에 여기 내렸을 때 좌표는 알잖아. '여기서 좀 북쪽으로 왔으니까, 한 요 정도 왔겠다' 추측하지. 보이는 게 나무밖에 없어. 하늘도 안 보이는데! 아무것도 안 보인다는 얘기야, 결론은.

보병들은 많이 해봐가지고 총소리 나면 대번에 그냥 풀 속으로 싹 숨어. 한 놈도 없어. 그래도 이제 우린 장교인데, 똑같이 파라락 하고 숨긴 좀 그랬거든. (웃음) 그래도 숨어가지고 있는데, 한

번인가 더 총소리 나더니 안 나는 거야. 저 앞에서 몇 놈이 자빠졌는지, 누가 누굴 쐈는지도 모르지. 한동안 총소리도 안 나고 조용해. 그래서 '에이 요 새끼들, 내가 한번 시범을 보여야 하겠다' 싶어서 중대장한테 '중대장님, 제가 포탄 한번 띄워볼까요?' 그랬지. '한번 띄워봐.' 그러니까 이제 좌표를, 아무도 안 보이잖아. 내가 처음에 요기 내려서 이렇게 돌아서 요 정도 됐는데 요거보다 앞이니까 요 정도 좌표겠구나, 어림잡아 찍어가지고 좌표를 딱 불러주고, 딱 띄웠어. 포탄이 어디에 떨어졌을 것 같아요?

적이 저 앞에 있잖아, 내가 불러준 좌표는 (먼 곳을 가리키며) 저기야. 우리한테는 벗어나게 더 저쪽으로 쏴야 할 거 아니야. 그래야 우리가 안전하잖아. 근데 우장창창! 이게 정글 속이니까 얼마나 소리가 커. 어디에 떨어졌냐, 우리 뒤에 떨어졌어! 내가 저 앞인 줄 알고 때렸는데 우리 바로 뒤에 떨어졌으니까 그만큼 잘못 본 거 아니야! 첫발이 이상하게 떨어졌으니까, 이게 아니구나 싶어서 저 앞으로 바꿔서 다시 딱 때렸더니 이번에는 옆에 와서 우장창창 하길래 '야야, 사격 그만!' 했어. 쟤네들 잡으려다가 우리가 다 자빠지겠네 했어. 그게 내가 월남 가서 처음이자 마지막으로 실탄 사격해본거야. (웃음)

월남 가서 이제 포 때리는 거는 작전하다가 다 철수하고 나면 그때는 쏘겠지. 잡으면 좋고 안 잡으면 말고. 그러면 이제 적들이 무서워서 앞으로 그쪽에는 안 올 수도 있잖아. 근데 우리가 같이 있을 때는 포 못 때려. 잘못하면 아군한테 떨어져서 우리가 죽잖아."

돌아올 때 포탄 빼고는
싹 다 실었어

평화협정 이후 철군 명령이 떨어지고, 최홍희가 속해 있던 부대는 마지막으로 한국에 돌아왔다.

"그 당시에는 우리나라에 선풍기 없었어. 부채밖에 없었어. 그런데 베트남에 가니까 천장에 팔랑개비가 돌아가는 게 있어. 그게 파병을 시작한 지 한 7-8년 됐을 때니까 선풍기도 그 정도 됐을 거 아니야. 돌아올 때 그거 다 떼 왔어. 캐비닛도 월남에서 처음 봤어. 우리나라에 있을 때는 나무 박스에 서류 넣었다 뺐다 했는데 월남에 덜커덩덜커덩거리는 게 있는 거야. 그것도 한 7-8년 써가지고 덜커덩덜커덩. 그것도 올 때 다 실었어. 내가 부중대장이니까. 그게 다 재산 아니야! 건물에 붙어 있는 건 한 개도 안 놓고 싹 다 갖고 왔어요. 우리나라에 오면 없는 거 아니야! 포탄은 가져가지 말라고 돼 있어. 포탄 빼놓고는 하여튼 싹 다 실었어.

내가 지금도 참 안타까운 건, 내일이면 한국으로 가는 날인데 짐을 다 보내고 한 4시나 되니까 월남 애들이 왔어. 초등학생 나이쯤 될까? 한 대여섯 명이 왔는데 남아 있는 게 아무것도 없거든. 뭐 나무나 쇠나 가져갈 게 있는지 보려고 온 거야. 둘러보는데 한 개도 없어. 내가 봐도 참 쪽팔렸어. 걔네들이 어디 가냐, 쓰레기장으로 가더라고. 대여섯 명이야. 내 잊지를 않아. 괜히 쓰레기장으로 가는데 거기에 가면 뭐 있나? 거기도 없는 걸……. 그거 좀 미안했어. 내 나라가 지금 먹고살기가 어려운데, 한 개라도 더 들고 와야 할 판인데……. 지금도 그때 월남 애들이 왔다 갔다 하던 거 생각하면 짠해. 뭐 줄 것도 없었지만은."

그 돈이 집으로 가기나 갔는가

　참전 당시 최홍희가 받은 수당의 70퍼센트는 한국의 집으로 갔다.

　"난 그래. 월남이라는 데도 운명이야. 잘 갔다 왔다고 생각해. 지금도 뭐 월남 얘기를 하면 욕하는 사람이 있는데, 우리는 그때 장교니까 수당을 많이 받았어. 얼마를 받았냐면 내가 갈 때 중위 월급 16,500원 줄 때야. 근데 수당을 135불 줬어. 135불이면 얼마냐, 당시 63,000원인가 돼. 그러면 중위 봉급 한 세 달 이상이잖아. 난 그래서 대위 안 올라가고 중위 봉급 주고 평생 거기 있으면 된다고 그랬어. 규정상 70퍼센트는 집으로 곧장 보내줘. 나중에 한국 와서 집에 갔는데 돈에 대해서는 묻지를 못하겠더라고. 근데 나중에 생각해보니까 집을 좋게 다시 지었거든. 시골에서 집 짓는 게 쉽지 않잖아. 아마 내가 보낸 돈으로 지은 걸 텐데, 형수한테도 못 묻고 아무한테도 못 물었어. 혹시 내가 물어보면 '저 자식, 욕심이 있어가지고 그런갑다' 할까 봐 안 물어봤지. 다른 사람들은 뭐 돈 가지고 땅을 샀다, 뭘 했다 하는데……. 뭐 형님이 계시면 물어

보고 할 텐데 형님은 돌아갔고. 아무도 얘기는 않더라고."

총알이 날아왔는데
아무도 없는 거야

　　전쟁 시기 일어난 민간인 피해에 대한 그의 입장은 어떨까.
　"내 생각에는 그럴 수밖에 없는 게, 예를 들어서 월남 가서 우리가 같이 작전을 하는 거야. 총 올려메고 정글을 가는데 갑자기 두어 명이 픽 쓰러져 죽었어. 어, 거기는 뭐 날아올 게 없잖아? 그냥 길 가는데 갑자기 두 명이 쓰러져 죽은 거잖아. 어? 뭐지? 왜 죽어? 근데 보니까 총을 맞은 거야. 날아올 데 없는 데서 갑자기 총 맞고 죽어, 그럼 사람들이 어쩌겠어? 생각해봐. 우리가 전우 아니야. 아침에 밥 먹고 장난치고 놀던 전우가 갑자기 앞에 가다가 팍 쓰러져 죽었어. 어떡할 거냐고. 그러니까 사람들이 주위를 찾아보는데 없는 거야! 어디 없나? 찾아봐도 아무도 없어. 그러면 죽을 리가 없는데, 또다시 보니까 저기 먼 데에 마을이 있었나 보더라고. 아무도 없는 데서 실탄이 날아올 수가 없는데 이게 날아왔으면 저 마을에서 날라왔을 거다, 그러니까 마을 쪽에 가서 인제 저걸 했겠지. 당신들 혹시 그런 거 없냐 하니까 당연히 안 했다고 그러지, 했다고 그러겠냐고. 그러다 보니까 내 전우가 죽었는데 뭐 싸우다 죽은 것도 아니고 그냥 죽었는데 아무 일도 없어. 얼마나 억울하냐 그거야. 그러니까 이 사람들이 그냥 내 생각은 홧김에 화풀이를 한 것 같아요. 우리 전우 죽응게."

죽고 난 뒤에 돈 주면 뭐 해
내 인생이 없어졌는데

"내가 봤을 때 우리가 월남 간 거는 개인적으로 간 건 아니잖아. 거기 가서 작전하는 것도 내 마음대로 한 것도 아니야. 그러나 상황으로 봤을 때는 누가 봐도 우리가 인간이면 그렇게 할 수밖에 없는 상황이었어. 그렇다면 그거는 결국은 뭐야? 정부하고 월남서 원인 제공을 위험하게 해가지고 이렇게 사고 났는데, 그래도 일단 내가 때린 건 맞다, 우리가 안 때린 건 아니니까, 때린 거에 대해서 내가 도와주겠다, 보상을 해주고 대신 때린 거에 원인 제공한 거에 대해서는 인정을 하고, 그런 식으로 가야지. 왜냐하면 솔직히 누가 아군인지 적군인지 모르는데 나 같아도 '어, 저 새끼 봐. 적이 간다' 하면 쏘지 관두겠냐고. 잘못하면 내가 죽겠는데. 죽고 난 뒤에 정부가 돈 주면 뭐해! 내 인생이 없어졌는데! 정부가 원인 제공을 일단 한 거지. 그렇다면 정부가 나서가지고 베트남한테 '우리가 뭐 사람 죽이는 걸 좋아서 한 거는 아니지 않냐. 근데 하다 보니까, 옆에 친구가 죽었으니까 그렇게 한 것 같은데, 그거는 당신들이 이해를 시키고 보상을 해줘라. 우리도 피해를 많이 입었다' 이런 식으로 하든지 해야지. 아니 이 정부는 뭐 하고 우리한테 이런 피해가 오도록 하느냐 말이야. 우리가 나라 말 듣고 갔더니 겨우 이 따위 소리나 듣게 만드냐, 나라에서 우리한테 뭐 돈은 똑바로 줬냐, 이런 식으로 얘기할 수밖에 없는 거지. 그래서 이게 한두 명이 얘기해봐야 안 되고 우리 월남참전자회, 고엽제회, 상이군인회가 모여가지고 똑바로 얘기해야 하는데 전부 다 앉아가지고 따로 놀아. 혹시 말하면 '너 뭐 그딴 소리 하지 말고 가만히 앉아 있어' 이런 소리 들을까봐 전부 다 뒷짐만 지고 앉아 있으니까".

나는 월남 다시 한번 가라면
또 갈 자신 있어

"나는 진짜 월남 다시 한번 가라면 또 갈 자신 있어. 아니, 그렇잖아. 나라를 위해서 다녀오면 좋은 거고. 지금은 우리나라가 잘사니까 월남에 간 거를 안 좋게도 말하지, 만약에 우리가 지금도 잘 못살았으면 사람들이 이렇게 이야기 안 했어. 거기다가 솔직히 좀 뭐 어떻게 생각할지 몰라도, 민간인을 죽였다 아니다, 말이 많은데, 굳이 전우들의 명예를 더럽혀가면서 그렇게 말하는 게 맞느냐, 이거야! 차라리 그때 이러이러한 문제점이 있었다, 말하고. 다르게 말할 수도 있잖아. 어쨌든 뭐 나는 그래. 하여튼 내 개인적으로는 월남 갔다 온 게 나한테는 일단은 장교가 전쟁 경험이 있다면 일단 유리한 거 아니야.

아까도 얘기했지만 내가 월남에서 있던 지역은 작전이 별로 없고 상대적으로 안전한 편에 속했어. 예를 들어 보병부대가 어디 간다 하면 대략적으로 거기는 베트콩들이 없다는 걸 알고 가지. 그러면 가도 텐트 쳐놓고 앉아서 장난하고 씨레이션 까먹고 하지. 그러니까 그냥 보병들 간 다음 따라가서 장난치고 저녁때 잠만 자고 오면 되잖아. 베트콩이 있다고 하면 밤새 눈 뜨고 앉아 있어야지. 그때는 전쟁 후반이라서 휴전도 되고 하다 보니까 그렇게까지 위험한 상황이 없었지. 안전했어, 우리는. 그러니까 마음이 편하지. 그래서 내가 월남 더 있으라고 해도 있는다고 그랬지."

13년 군 생활, 왜 적게 했냐면

"내가 왜 군 생활을 적게 했냐면, 이제 지금 내 밑천 다 나오는데, 왜 그러냐면 나는 원래 월남전에 갔다 오고 하면 진급하는데 점수 더 주고 뭐 이런다고 해서 갔는데, 이제 앞으로 내 얼굴 보면 알겠지만 나는 성격이 좀 남한테 (엄지랑 검지를 붙여서 동그라미를 만들어 보이며) 이걸 잘 못 해. 클 때부터 남한테 도움 안 받고 내가 혼자 살아오다 보니까 아부를 못 해. 군대 생활하면서 아부를 좀 했어야 맞는데 거의 안 했어. 한번은 내가 요번에 소령 진급이 된다고 다들 말했을 때야. 포단장을 만나러 갔지. 그때도 돈 10원 안 들고 갔어. 단장님은 '야, 최홍희 너 잘하고 있잖아' 했어. 할 말 있어? 없잖아. 그냥 다른 얘기만 하고 왔어. 진급 해당자가 네 명이 있는데 그때 1년 동안 활동한 거랑 전과는 내가 제일 좋았어. 나중에 진급 발표가 났는데 나만 빼고 세 명이 된 거야. 그러니까 나는 지금도 (엄지랑 검지를 붙여서 동그라미를 만들어 보이며) 이걸 잘 못 해. 이제 할 일도 없지만 내가 뇌물을 주거나 아첨 같은 걸 못 했어. 사회가 지금도 많이 망가졌지만 국회의원이고 뭐고 다 똑같애. 돈만 있으면 안 되는 게 없어. 그래서 나는 돈이 원래 안 맞는다 생각하고, 지금도 크게 돈 욕심을 안 부려. 부린다고 줄 사람도 없고. 그러다 보니까 군대에서 진급이 계속 안 된 거야. 그다음에는 다른 부대로 전출 갔는데, 그게 마지막 기회였는데 하필 그해에 해당이 안 되고 끝났다는 거야. 그게 사람의 운명이란 게 있다고. 누구한테 하소연하겠냐고. 돼야 할 때 안 됐고 그다음에는 기회가 박탈됐다는데. 그러니까 자동으로 전역한 거지. 장교는 진급 안 되면 자동으로 나와야 해."

나는 군번이 두 개야

　　최홍희는 군대 생활 13년을 마치고 전역한 후 동대장으로 26년간 근무했다. 동대장 역시 군대의 연장이었다. 이는 최홍희로 하여금 '평생을 군인으로 살아왔다'는 정체성을 갖게 해주었다. 지금도 최홍희는 광장에 나갈 때 군복을 차려입고 나가곤 한다.

"나는 1982년도 7월 말일부로 군에서 나와서 8월 1일부로 경북 김천 구성면에 동대장으로 가려고 대기하고 있었어. 그러니까 7월 31일에 구성면 동대장 모집하는 명령이 내려오게 돼 있었거든. 생각해보면 이것도 참 웃기는 운명이 있는데, 내려오기로 한 명령이 안 내려온 거야. 그때 구성면에서 동대장 하려는 놈이 나밖에 없었거든. 사람이 하나라도 더 있으면 그놈이 돼가지고 내가 안 되나 보다 하는데, 이건 나 혼잔데 연락이 없어. 관련 부서에다 물으니까 명령이 안 내려왔다는 거야. 면대장 된다고 해서 마음 잡고 전역을 했는데 갑자기 일자리 없어지니까 얼마나 황당해. 그때 우리 아버지가 아파가지고 누워 있을 땐데 '아버지, 내 서울 갔다 올게요' 하고 그냥 바로 뛰어 올라왔지. 일자리를 잡아야 할 거 아니야. 얼마나 자존심이 상해! 동대장 자리 믿고 전역했는데, 안 되니까 부모들이 걱정하는 거야. 그때 부평에 사는 오촌 당숙이 헌병대 근무를 했어. 그래서 만나가지고 '어제 이렇게 해가지고 오늘 퇴직했다, 김천 구성면에 가려고 했는데 명령이 안 났다, 어떻게 뭐 일자리 한번 알아봐달라' 그랬지. 마침 부천에 '신한일전기'라고 있는데 거기 직장 중대장이 노조 지부장하고 싸움을 해가지고 모가지가 날아갔다는 거야. 또 부대에서 그거 관할하는 게 우리 당숙님이더라고. 그래가지고 거기 가서 일하도록 얘기하고 있는데 아버지가 돌아가셨어. 시골 가서 아버지 제사 지내고 올라와서 8월 한 20일 정도에 신한일전기로 가라고 해서 갔지. 근데 며칠 지나니까 구성면에서 면대장 명령이 났다고 또 오라는 거야. 약 올리는 거야? 그래서 직장 중대장이 좋으냐, 면대장이 좋으냐, 한 2-3일 고민했지. 결정적인 거는 구성면은 면대장이고 시골이잖아. 근데 난 이제 부천 살고 부천은 우선 직장 중대장으로 일해도 동대장이 또 생길 수가 있다는 거지. 그래서 부천에서 일하자 했지. 촌에 먹을 것도 없고 하니까 도시가 낫겠지 하면서 신한일전기에서 직장 중대장 하다가 그다음 해에 4월 1일부로 부천시 춘의동 동대장으로 들어갔지. 거기서 소사2동 한 번 갔다 오면서 정년이 되어 가지고 60세에 만기한 거지. 이것도 군 관련이니까 다 합치면 한 38년 되더라고.

동대장 나가면 군번식으로 받아. 7084 얼마 이렇게 나와. 그때부터 국방부에서 번호를 주는 거야. 나는 군번이 두 개인 거지. 그렇게 하니까 돈, 연금 이런 것도 다 연결돼. 동대장도 군대 생활하고 똑같이 군복 입고 출근해. 현역 군인은 아니지만 국방부 소속이다 보니까 군에서 관리를 하는 거지. 예비군을 관리하는 역할을 하니까. 또, 만약에 전쟁이 나면 예비군하고 후방 작전을 하거든. 그러니까 군대랑 똑같은 대우를 해주는 거지.

김신조 때문에 예비군이 생겼잖아. 그전에는 한 달에 뭐 돈 몇 푼 안 줬어. 82년도부터 예비군 동대장한테 5급 사무관을 줬어. 5급 사무관이면 동사무소 동장하고 똑같이 5급이야. 동대장을 국방 공무원으로 5급을 준 거지. 그래서 내가 연금도 많이 받아. 정년 퇴직금이랑 연금이랑 5급 만기해 가지고 주는 거지. 그거 나오니까 이제는 욕심도 안 부리고 살아. 뭐 욕심 부릴 것도 없잖아."

참전군인끼리
한번 모여야지

최홍희는 참전 관련 단체 활동을 1988년도에 시작했다. 당시는 활동 기반이 하나도 없던 시절이었다.

"1988년 즈음에 우리 동네에서 한 열 명 정도가 처음 시작했는데 일고여덟 명이 모였어. 우리 동네에 월남 갔다 온 사람들이 많아. 부천이 많더라고. 지금도 한 2천 명 있다는데. 서울에 있는 월남참전자회의 전신이 있어. 거기 회장이 우리 동네에 온다고 그런 적이 있어. 우리 동네에 온다니까 나도 한번 가보자 해서 갔지. 나를 포함해서 다섯 명이 왔어. 예비군한테 다 말해서 모여가지고. 지금은 말도 안 되는 얘긴데, 그때 부천지회 회장이 없을 때야. 참전 관련 단체가 없었는데 이 사람이 제일 먼저 분회를 만든 거지. 만들면서 어떻게 알았는지 중앙회 회장을 불렀어. 다방에서 만났는데 회장이 임명장을 갖고 왔더라고. 다섯 명 모인 데서 우리 전우한테 분회장 임명장을 준 거야. 그래서 지금도 내가 부천에 있는 월남참전자회를 나가. 거기 나가면 장교는 한 놈도 없어.

나밖에 없어. 내가 분회장하고 1년인가 뒤에 또 내가 아는 사람이 '부천에 지회를 만들겠다' 그러는 거야. 나는 그때만 해도 동대장을 할 때니까 공무원이잖아. 그래서 내가 다른 거 더 도와줄 건 없고, 사람 모을 때 안내장을 해줬지. 내가 앞으로 나설 순 없는 거니까 당신이 회장 하고, 뭐 안내장은 내가 만들어서 회원들한테 보내고 했지. 그렇게 그 친구가 1992년도부턴가 회장을 했어. 그러니까 부천시 지회는 그때부터 우리가 만든 거야. 처음 중앙회장이 와가지고 우리 전우한테 임명장을 주는 날부터 시작했으니까. 내가 시작해놓고 안 나갈 수 없잖아. 그래서 지금도 나가는데, 장교는 아직도 반이 안 돼. 안 나와. 우리 동기들도 내가 지회장 할 때 오라니까 한 두세 번 나오더니 안 나와. 장교들이 왜 참여가 저조한지는 모르지. 나와봐야 뭐 하냐, 이거겠지. 쫄병들하고 앉아가지고 뭐 하냐! 그래도 우리 베트남에 갔다 온 사람들끼리 모여야 할 거 아니야. 전우끼리 좀 서로 도와주면 좋잖아. 1988년도면 우리가 아직 쌩쌩할 때잖아. 그때는 아직 40대니까. '야, 우리끼리 뭐 서로 돕고 뭐 할 수 있는 거야, 우리도 함 모여가지고 좀 우리끼리' 이렇게 해가지고, 진짜 한동안은 군인 가족들하고 와이프들도 나와 가지고 연말에 송년회도 하고 사진도 찍고 많이 놀았어. 친목회였지, 그때는. 중앙회하고는 임명장만 받았을 뿐이지, 뭐 없었어. 우리끼리 이렇게 놀다가 그다음 해인가 중앙회가 생겼지."

운명이라고 생각하는 게
마음이 편해

최홍희는 구술하는 내내 자신의 운명론적인 관점을 이야기했다. 자신이 군인이 된 것도, 월남에 간 것도, 전역을 한 것도, 동대장이 된 것도, 그리고 우리를 만나게 된 것도 피할 수 없는 운명이라고 말이다.

"아이고, 내가 이렇게 살아보고서 사람들한테 그래. 오늘 만난 것도 다 정해져 있으니까 그냥 웃으면서 만나라 이거지. 운명으로 만난 거라 생각하니까 마음이 편하더라고. 나약한 사람이 그렇게 생각하는 거라고 하던데, 나약한 게 아니라 마음이 편해. 노력한다고 다 잘되면 안 할 사람이 어딨냐고. 노력해도 안 되는 사람이 버글버글하잖아. 노력 안 하고 생각도 안 하는 놈이 국회의원 되기도 하듯이. 사람이 노력하되 안 되는 건 빨리 인정하고, 우선 살다 보면 또 더 좋은 날 온다 그랬더니, 누가 그래. '맨날 좋은 날 온다는데 언제 좋은 날 오냐.' 그럼 내가 '가만히 있어봐. 아직 덜 됐나 봐'라고 해. (웃음)"

후기

경험하지 않은 낯선 역사가 나의 경험으로 온전히 다가올 수는 없다는 것, 나에게 다른 관점이 있기에 온전히 구술을 따라갈 수만은 없다는 것, 이 긴장을 마주하면서 최홍희의 기억을 들었다. 그러나 이 구술 활동의 의미가 서로의 세대와 입장 차이에도 불구하고, 단절을 넘어 듣기를 시도하는 과정 자체에 있다고 생각한다. 구술활동을 진행하며 마주한 단절 앞에서 우리는 '전쟁이 한 개인의 삶에 어떠한 영향을 미치고 있는가'라는 최초의 질문으로 돌아갔다. 이러한 단절 역시도 전쟁이라는 폭력이 개인의 삶에 미친 영향일 것이며, 그 영향이 서로 다른 세대 간의 관계 맺기에도 스며 있는 것이라고 생각했다. 그렇기에 단절에도 불구하고 참전군인이 나눠준 이야기의 구조적인 기원을 끊임없이 파악하려는 시도를 계속해나가야 한다고 느꼈다. 우리의 현재가 전쟁의 경험으로부터 점점 멀어지고 있는 지금, 참전군인과의 이러한 듣기와 관계 맺기는 전쟁의 역사를 현재와 분리시키는 것이 아닌, 전쟁 경험자 개인의 역사를 현 세대의 역사와 하나로 잇는 시도가 될 것이라 믿는다.

2장

또 다른 연루자, 참전군인 2세와 유가족

이재춘은 스스로를 비존재(非存在)라고 말한다

석미화

나는 이재춘에게 아버지의 죽음이 왜 억울한지 물었다. 그는 아버지의 1년, 베트남전쟁에 갔던 그 1년이 더 살 수도 있었던 아버지의 목숨 20여 년을 빼앗았고, 아버지가 돌아가시고 10년 뒤 같은 병원에서 자신의 몸도 그로 인해 병들었음을 알게 되지 않았느냐며 말끝을 흐린다. 이재춘은 이 사회가 자신과 같은 이들을 '비존재'로 만들고, 그런 삶을 그냥 내버려둔다고 여긴다.

"저는 제가 어떤 가능성을 가진 사람이라고 여기지만, 사회에서 제 정체성은 장애를 가졌음직한 사람일 뿐이죠. 예컨대 저는 노동력을 잃었잖아요."

2020년 코로나바이러스가 온 세계를 휩쓸고 있을 때, 나는 전쟁 트라우마를 이야기하는 웹토크 프로그램을 기획했다. 국가보훈처 심리재활집중센터 센터장과 미국 덴버에 사는 미군 참전군인을 온라인으로 연결했고, 참전군인의 가족으로 이재춘을 섭외했다. 이재춘은 베트남전쟁 참전군인이었던 아버지의 죽음과 2세인 자신이 겪는 신체적 영향에 대해 말했다.

"고엽제 피해 2세대에 대한 국내 조사는 거의 없는 수준이고 업데이트조차 제대로 되지 않고 있어요. 고엽제 2세대들은 대부분 피해자이지만 피해자라고 말하고 싶어 하지 않는 양가적 태도를 가지고 있고요. 자신이나 아버지가 후유증을 겪고 있다는 것을 말하고 싶어 하지 않거든요. 저 또한 그랬지만 지금은 받아들이게 되었어요."

내가 이재춘을 처음 만난 건 2014년 여름, 베트남 평화기행에서였다. 베트남 푸옌성 붕따우마을 증오비 앞에서 마르고 어깨가 살짝 굽은 청년이 국화 한 송이를 들고 서 있던 모습이 기억난다. 그는 까만 곱슬머리에 은색 귀걸이를 하고 있었다. 대학원에서 역사를 전공한다고 하여 베트남 역사나 전쟁사를 공부하겠거니 생각했다.

5년 만에 다시 만난 이재춘은 내가 알던 그 청년의 모습이 아니었다. 그는 한쪽 손을 지팡이에 의지한 채 느릿느릿 걸었고 한 걸음 떼는 것도 힘겨워 보였다. 30여 분 동안 지하철역까지 함께 걸으며 이재춘이 그동안 겪은 일들에 대해 조금 들을 수 있었다.

"장교 2묘역 6544, 아버지는 묘비 번호로 남아 있잖아요. 저나 가족이 기억할 뿐, 사회적으로 망각된 존재죠."

이재춘의 아버지는 2005년 고엽제후유증인 임파선암으로 돌아가셨다. 10년 후, 그는 아버지가 돌아가신 병원에서 뇌종양 진단을 받았다. 죽음을 넘나드는 수술을 두 번 받았고 영영 세상과 조우하지 못할 것 같은 두려움 속에 살았다. 그러는 한편 시원함도 느꼈다. 오랫동안 부정하고 싶었던 고엽제 피해자 2세라는 정체성을 받아들이게 된 뒤, 어린 시절부터 스스로에게 가졌던 여러 의문과 질문이 비로소 이해됐다. 확인된 병명 앞에서 자신이 왜 그렇게 생각하고 말하고 행동했는지가 선명해졌고, 이해가 시작되니 마음 한편이 편안해졌다. 그렇다고 세상살이가 편해진 것은 아니었다. 그는 더욱 힘겨운 전쟁 중에 있고 살고자 노력 중이다.

아카이브평화기억에서 활동을 하며 나는 그와 베트남전쟁에 대한 이야기를 자주 나누게 되었다. 그와 이야기를 나누다 보면 공통된 감각을 갖고 있지만, 어떤 부분에서는 의견이 갈리기도 하고 첨예하게 입장 차이를 드러내기도 한다. 그래서 나는 더욱 그의 이야기에 귀 기울이려고 노력한다. 그는 자신과 같은 비존재들에 대한 학살을 말하고 싶어한다.

나는 참전군인 2세, 비가시화된 전쟁 2세

이재춘

　나는 한국현대사를 공부하는 사람이고, 고엽제후유증으로 사망한 참전군인의 아들이다. 고엽제 2세 피해로 추정되는 뇌병변 증상과 징후를 지니고 있다. 나의 '아픈 몸'은 몸을 경험하는 방식, 할 수 있는 것, 삶의 공간을 흔들어놓았다. 내 의지나 생각과 관계없이 내 몸은 사회적으로 해석되고 의미가 결정되어 버린다. 겉으로 보이는 건 보행장애이지만 뇌압과 뇌 내 작용에 의한 변화로 몸 안에서는 여러 가지 불편함이 일어나고 있다. 이 불편함들은 내가 번잡한 서울에 사는 것을 위험하게 만든다. 그래서 서울 본가를 떠났고, 광주에서도 사람들과 거의 교류하지 않고 지낸다. 대학원 동료들과 대학의 선생님들을 제외하면 낯선 광주에서 맺고 있는 교류는 없는 편이다. 이런 특이점들로 인해 나는 베트남전쟁에 강하게 연결되어 있다는 감각을 지닌다.

아버지는 군인이었다

나는 1978년 가을, 부모님이 광주에 있는 31사단 관사에 거주할 때 태어났다. 아버지 이문옥은 직업군인이었다. 1969년부터 1970년까지 백마부대 52포대 소속으로 베트남전쟁에 참전했다. 내가 자랐던 31사단의 사단장은 김재명 씨였다. 그는 전남 강진 출신으로 1980년 5·18민주화운동 당시 육군본부 작전참모부장이었다. 나는 그를 '관사 할아버지', 그의 부인은 '관사 할머니'라고 불렀다. 어린 시절, 명절이면 두 사람에게 인사드리러 가서 용돈을 받곤 했다. 그는 내 아버지를 꽤 아꼈다. 세월이 흘러 그를 다시 만난 건 2005년 12월, 아버지의 장례식장에서였다. 그는 같이 근무했던 장교들을 데리고 와주었고 "문옥이가 너무 빨리 갔어"라며 말을 잇지 못했다. 1년 뒤 그분도 돌아가셨다.

1980년, 아버지는 보안사령부로 전출 예정이었다. 1973년 가을, 무장 탈영병을 잡는데 공을 세운 아버지는 관련 장성의 신임을 얻으며 입지를 다졌다. 덕분에 흔치 않은 전출과 진급 기회를 잡을 수 있었다. 하지만 바로 전날, 보안사령부로 가기 위해 이삿짐을 다 싸둔 상황에서 전출이 취소되었다. 당시 보안사령관 전두환이 "왜 하필 전라도 놈이야"라며 화를 냈다고 들었다.

그 후 아버지는 서울 근교 동원사단 본부대대장으로 옮겨 전역을 준비했다. 전역 후 경찰 간부로 입직하려 마음먹었다. 당시 김재명 씨는 서울지하철공사 사장이 되어 있었고, 그는 아버지의 전역 절차가 완료되기 전에 서울지하철공사 직원으로 발령을 내버렸다. 그 회사에는 군 장교 출신들이 많이 있었다. 할 수 없이 아버지는 계획을 바꿔 김재명 씨와 함께 일하게 되었다. 1981년 가을부터 아버지는 주로 인사·총무·기획 일을 맡아 했고, 김재명 씨는 약 9년가량 서울지하철공사 사장으로 있었다.

아버지의 회사 본사가 서울특별시 방배동으로 이전하면서 나는 서초구에서 초·중·고까지 다니며 자랐다. 대학은 원하던 곳에 가지 못하고 한국외대에 들어갔다. 대입 시험을 한 번 더 보고 싶다고 말할 용기가 없었다. 어릴 때부터 누나에 비해 열등한 존재로 취급받았다고 기억한다. 조용한 아이였고 신경질적이었다. 어릴 때부터 잦은 두통에 시달렸다. 두통용 아스피린을 늘 갖고 다녔다. 불안 정도가 높아서 갑자기 누구를 만나게 되거나 작은 일이라도 갑작스럽게 일어나면 굉장히 힘들어했다.

청년이 되어서도 타인에게 이해받지 못하는 예민함으로 인해 조용히 몇몇과만 교류하며 지냈다. 군대는 아버지가 베트남에 갈 때 몸담았던 백마부대에서 2년 2개월을 견뎠다. 나중에 들은 이야기지만 친구들은 내가 군대에서 자살하면 어쩌나 걱정했다고 한다. 군대 안의 구조적 폭력들에 시달렸고, 욕설에 따른 여러 사건은 있었지만 전보다는 두꺼워진 낯으로 돌아왔.

2001년 상반기에 군대 제대 후 24세 가을부터 사법시험을 준비했다. 로스쿨 도입 이전, 합격자 수를 팽창시켜가던 시기였고, 최소한의 인권조차 인정받을 수 없는 군대에서 병사로서 경험했던 일들이 법률가가 되고 싶다는 생각을 키워주었다. 어릴 적 나에게 사전 찾는 법을 가르쳐준 외가 삼촌이 판사를 거쳐 변호사로 일하는 모습도 좋은 영향을 끼쳤다. 돌아보니 그 시절 나의 사법시험 준비는 일상생활조차 힘들어했던 내가 도피처로 택한 것인지도 모르겠다. 나와 같은 전공을 한 동료들 대부분은 경영학을 복수전공하며 공인회계사 시험을 준비하거나 사기업 공채에 응시했다. 나는 늘 타인과 있는 것이 힘들었기에 세상과 단절된 삶을 원했던 것 같다. 시험공부만 하면 되는 삶, 그것이 편했다. 그것은 스스로 고립을 택한 것에 가까웠다. 결국 시험에는 합격하지 못했고 '죽음'을 생각하는 사람이 되어 있었다. 아버지는 자신과 성향이 많이 다른 아들에게 "나는 천하에 무서울 게 없는데, 너는 왜?" 하며 한탄 섞인 걱정을 하곤 했다.

앙상해진 아버지

2003년 6월 30일, 60세에 정년퇴직한 아버지는 늘 그랬듯이 크고 활기차고 건강했다. 그는 매일 새벽 유산소운동과 무산소운동을 거르지 않는 사람이었다. 2004년 겨울, 아버지의 체중이 급격히 줄었다. 이전과는 달리 한기를 느끼며 아주 추워했다. 이상하다고만 생각했던 것이 아프게 남아 있다. 평소 혈압이나 당뇨 같은 기저질환이 없었던 아버지는 병원을 찾아다닌지 약 3개월 만에 호지킨스병을 진단받았다. 2005년 5월이었다. 몸무게 70킬로그램이 넘었던 아버지가 불과 몇 개월 사이 55킬로그램 미만이 되어 있었다. 의사는 아버지가 림프종, 즉 임파선암 3기를 지나 4기에 가깝다고 했다. 드러난 쇄골 밑에 있는 종양 제거 수술을 받았고 이후 항암 치료를 시작했다. 강남성모병원 암 병동 10층에 아버지는 앙상한 몸으로 누워 있었다. 암 병동은 습하고 스산했다. 고통에 잠 못 드는 밤이 이어졌고 나는 외면하고 지냈던 그의 이야기를 들었다.

  암이 없었던 가족력에 갑자기 나타난 아버지의 림프종을 이상하게 여긴 누나는 베트남전쟁 참전군인들에게 나타나는 고엽제후유증 중 아버지가 시달리고 있는 혈액암류 림프종이 있다는 걸 찾아냈다. 보훈처에서 고엽제후유증으로 인정받은 건 2005년 11월, 아버지가 6차 항암 치료에 들어갔을 때였다. 항암 치료의 부작용으로 폐와 신장에 문제가 생겼다. 쇼크가 왔고 심폐소생술로 겨우 위기를 넘겼다.

  산소호흡기로 호흡을 이어가면서도 아버지는 이겨낼 수 있다고 생각했다. 아버지는 의식이 명료했고 눈빛만은 형형했다. 중환자실은 하루에 두 번만 면회가 허락되는 곳이었다. 밤에는 나 혼자 병원에서 대기하고 있었다. 아버지의 상태는 나빠져만 갔다. 담당 의사는 검증이 완전히 끝나지 않은 신약을 사용해본다고 했다. 4주 차부터 아버지가 급격히 무너져가는 게 느껴졌다. 그해 겨울 저녁, 아버지 몸에서 마지막 기계 장치들을 제거하고 마지막 호흡을 하실 때까지, 아버지를 바라보며 얘기했다. 아버지와의 마지막 한 시간은 그렇게 내게 각인됐다.

죽음의 이유를 찾고 싶었다

자주 혼자 떠나곤 했다. 대전현충원 장교 2묘역 6544 묘비 번호 앞에는 243519라는 군번으로 남은 아버지가 있었다. 아버지에게 들렀다가 계룡산에 자주 올랐다. 10월 어느 날에는 태백산에서 홀로 밤을 지냈다. 한겨울 제주도에서 혼자 계속 걸었다. 삶에의 의지를 갖지 못한 채 삶 주위를 맴돌기만 했다. 그러다가 전환점이 찾아왔다. 2012년 여름, 이모·이모부와 사촌 동생, 어머니가 가는 푸켓 여행에 동행하게 됐다. 카타타니 해변 휴양지에서 아침 산책을 하다가 미국인 할아버지와 어색한 인사를 나누었다. 그는 참전군인이었다. 엔지니어로 은퇴 후 예전 베트남전 참전 당시 휴가를 보냈던 태국에 다시 와본 것이라고 했다. 내 안에 미묘한 변화가 일어났다. '아버지와 베트남전쟁, 아버지의 죽음, 나와 아버지……'를 생각했다. 아버지가 왜 그런 식으로 일찍 사망해야만 됐는지, 그 이유와 의미를 찾고 싶었다. 나와 아버지의 이야기에 어떤 역사적 자리가 있을지도 모른다는 생각이 들었다. 단지, 아파하기만 하는 삶이 아니라 유의미함을 찾고 싶었다. 가슴이 뛰었다.

2012년 하반기, 35세였던 나는 한국사학과 일반대학원에 지원했다. 역사를 공부한다는 것이 실제 어떤 방법론으로 이루어지는지, 그 대학원이 어떤 시스템으로 운영되는지 지도교수가 누구인지 알아보지도 않은 상태였다. 기존에 사용되지 않았던 베트남어 자료를 구해서 공부하고 싶었다. 모교 도서관에서 베트남어로 된 베트남 현대사 책을 몇 권 구할 수 있었고, 옛 잡지에 등장했던 『한겨레21』 구수정 통신원이라는 분에게 베트남전쟁의 현지 자료를 부탁하는 메일을 보냈다. 호의적인 답장이 왔다. 그가 호찌민 대학에서 쓴 자신의 석사논문을 보내주었고, 2014년 여름 '평화기행'에 참여하는 건 어떨지 의사를 물었다. 나는 베트남 현지 자료에 대한 욕심에 참여를 결심했다.

베트남전쟁기 한국군의 민간인 학살지를 찾아다니는 답사 프로그램이었다. 내게는 너무 무겁고 힘든 기행이었다. 긴 이동거리와 죽음들의 무게, 생각할 시간이 없는 일정들, 그리고 내가 단체로 움직이는 것을 힘들어하고 금방 지치는 사람이라는 것을 망각한 선택이었다. 한편 끝없는 질문이 이어졌다. '과연 보여지는 게 전부일까'라는 질문! 열악한 현실을 사는 선택된 피해자, 베트남공산당의 허락을 받은 피해자의 선택적 기억에 의해 선별된 이야기들이 우리에게 전달되고 있는 것은 아닐까? 이 너머에는 무엇이 감춰져 있을까. 근대 민족국가 양측 모두 그들만의 국가 서사를 만들어낸 것은 아닐까. 국가들이 보이지 않게 만든 비가시화된 사람들과 이야기들은 어디에 있을까. 모두 나와 연관된 이야기였다.

내 머릿속에 종양이

메르스로 시끄러웠던 2015년, 나는 서른여덟이 되었다. 지속적인 수면장애와 기절, 고열의 지속, 왼쪽 다리 마비가 찾아왔다. 10년 전 아버지가 떠났던 그 병원의 응급실에 실려 갔다. 세 번의 MRI를 찍은 뒤, 우뇌 뇌종양이 발견되었다. 크기가 4.2×4.8×4.0센티미터였다. 이미 왼쪽 몸에 연결된 운동신경세포가 많이 손상되었다고 했다. 그래서 다리의 장애 상태를 되돌릴 수 없다고도.

뇌종양은 10세 전후에 생긴 걸로 추정되고, 자라면서 더 커져 있어서 개두술로 제거를 시도하는 수밖에 없었다. 일단 신변 정리를 위해 고용량 스테로이드를 처방받고 열흘 뒤로 수술 날짜를 잡은 뒤 퇴원했다. 나는 책과 일기를 버리고 흔적들을 지우려 했다. 그사이 뇌전증에 따른 반신마비와 경련이 찾아왔다. 2015년 12월 22일, 첫 번째 뇌수술을 받았다. 제거는 잘 되었지만 조직검사에서 양성도 악성도 아닌 중간 단계(2형, Grade II)라고 했다. 재발 가능성과 다발성에 대해서도 우려했다. 나는 그동안의 삶에서 겪었던 고통들이 새삼 떠올랐다. 슬픔보다 분노가 치밀었다.

　재활을 위해 약 8개월간 강원도 횡성군 안흥에 있는 시골집을 빌려서 지냈다. 이웃 아저씨의 반려견 중 두 살 '다래'와 같이 걷는 게 좋았다. '다래'는 삽살개와 골든리트리버의 믹스견으로 외모는 삽살개와 비슷했다. 가려진 얼굴과 체형은 꼭 골든리트리버를 닮았다. 변해버린 외모와 장애 때문에 소위 정상성의 범주에서 배제되었다고 생각하던 나는 '다래'의 환영받지 못하는 외모에 동질감을 느꼈다. 더 이상 사람들의 리듬에 맞춰 걸을 수 없었기에 '다래'가 옆에서 기다려주고 리듬을 맞춰주는 게 고맙고 좋았다.

　전원주택에서 혼자 반려견들과 지내는 아저씨는 심장병을 갖고 있었다. 내게 '다래'의 입양 의사를 물었다. 노견 보더콜리 '고래'는 괜찮은데, 젊은 '다래'까지 돌보는 게 벅차다고 했다. 나는 답하지 못했다. '다래'를 입양한다면 녀석과 끝까지 서로 돌보며 지내야 할 텐데 확신할 수 없었다. 내게 남은 건 결핍된 신체와 각인된 상흔들뿐이라고 느꼈다.

　어릴 적부터 나를 살뜰히 돌봐주던 이모는 어떤 삶을 살지 갈피를 잡지 못하던 나에게 "사람들 사이에서 살아가야 한다"라고 말했다. 용기를 냈다. 나의 신체는, 엄밀히 말하면 제대로 공부를 할 수 있는 상태가 아니었지만, 이모의 보살핌 속에 전라남도 목포에서 사학과 대학원 공부를 다시 시작해보기로 했다. 주위의 따뜻한 배려들 덕분에 요양하며 천천히 다시 책을 볼 수 있었다. 따뜻한 스승님을 만났다. 처음으로 내게 부족한 부분들과 방향성에 대해 지도받고 있다는 기쁨을 가질 수 있었다. 석사 졸업 후, 광주에서 사학과 박사과정을 공부할 수 있는 기회가 주어졌다.

박사과정 첫 학기인 2019년 3월, 뇌종양 재발이 확인됐다. 나는 단지 한 학기라도 마치고 싶었다. 못 돌아올 수 있다는 생각에 억지로 수술을 미뤄 2019년 8월에 수술하기로 하고 한 학기를 마쳤다. 나름 모험이었지만 반신마비나 다른 후유증으로 다시 공부할 수 없을지도 모른다는 두려움이 강했기에 억지로 한 학기를 견뎠다. 2019년 8월 7일, 두 번째 개두술에서는 종양이 뇌혈관들에 흡착되어 지저분하게 커져 있어서 거의 제거할 수 없었다고 담당 의사에게 들었다. 수술 당시에 제거를 시도하자, 왼쪽 몸 전체가 마비되는 증상이 있어서 그냥 닫았다고 했다. 이후 방사선 치료를 30번 받았지만 병변에는 별 변화가 없었다.

드러나지 않은 존재, 고려되지 않은 숫자

나와 아버지 이문옥의 이야기를 세상에 처음 드러낸 건 2022년 전주 미술축제 '쿤스트 서학'에 참여한 이재갑 작가의 전시를 통해서였다. 나는 그가 국가에 의해 배제되어 발화의 자리조차 없는 참전군인과 그 가족을 함께 기록하는 시선에 공감이 갔다. 베트남전쟁이 민간인 학살로 표상되는 몇몇 장면들로만 한정되어 과잉 노출되는 것에 대해 문제의식이 있었다. 아버지와 나 같은 사람이 존재한다는 것을, 전쟁은 전쟁터에 나간 군인의 문제로만 끝나는 것이 아니라는 것을 드러내고 싶었다. 나는 내 몸이 거대한 국가 폭력의 한 증거일 수 있다고 생각한다.

몇 년 전, 긴 망설임 끝에 장애인으로 등록하기 위해 모든 의료 기록을 관련 기관에 제출했다. 그들(국민연금공단. 담당 직원의 판단에 좌우된다)은 나의 상태에 대해 의료 기록에 대한 면밀한 검토 없이 경증(2018년 정부는 장애인등록제도 개혁이라며 중증/경증으로만 판정하는 또 다른 폭력적인 등급제를 만들었다)으로만 등록 가능하며, 같은 질환으로 재심 요구는 할 수 없다는 냉대 가득한 고지를 했다. 고엽제 2세 피해로 추정되는 여러 증상/징후와 열 살 때부터 시작된 뇌종양으로 인한 뇌 내 작용의 고통 속에 살아왔지만, 나는 사회에서 '드러나지 않는 존재, 고려되지 않는 숫자, 사무 처리의 대상' 그 이상이 되지 못했다. 이게 나의 현실이었다. 비존재(非存在).

나는 여전히 베트남전쟁을 공부하고 있다. 2023년 하반기부터 베트남전쟁과 고엽제에 대해 참전군인의 신체를 중심으로 사유하고 있다. 참전군인으로 동원되어 총을 들었던 몸과 그로 인해 다시 피해의 증거가 되는 몸의 양가성을 담아보려 노력 중이다. 한국은 베트남전쟁에 8년 6개월 동안 수십만 명을 파병하여 그 과실을 향유했지만, '잘 싸운 전쟁'이라고 주장하는 한국의 국가 서사와 '조국 근대화를 위해 흘린 피'라는 수사에만 파묻혀 있다. 베트남전쟁의 실질적 내용, 참전군인, 유관한 사람들 자체는 '주변화'시킨다.

국가에 의해 동원되었던 베트남전쟁 참전군인들은 정확한 이유도 모른 채 정신적·육체적 고통 속에서 조용한 죽음을 맞이해야 했다. 여기에 국가는 개입하지 않는다. 죽게 내버려 두는 '통치성'을 발휘할 뿐이다. 에이전트 오렌지 같은 고엽제의 부생성물인 다이옥신이 인간의 신체에 직접 대량 침투되었을 때 어떤 영향을 끼치는지는 참전군인들이 발병률과 죽음으로 증명해야 비로소 느리게 법률이 되는 구조다. 실체적인 참전군인들의 고통과 그 2세들의 존재는 은폐되어 있다. 그들의 존재는 '비(非)-존재화'된다.

현충원은 누구를 위한 곳인가요

이현주

나는 사교육 현장에서 나름 재미있게 일하다가 엄마가 된 뒤 공동육아에 푹 빠져들었다. 함께 돌보고 함께 키우는 마을공동체 현장에 매료되었고 지금은 용산을 중심에 둔 교육활동가로 살고 있다. 용산은 미군기지와 이태원이 있고 국가 폭력으로 많은 이들이 희생된 용산4구역 철거 현장이 있던 곳이다. 민주화를 위해 노력한 시민들을 고문하던 남영동 대공분실[11]도 용산에 있다. 그래서 최근에는 용산으로 다크투어를 오는 이들의 소식을 듣게 된다. 어두운 역사를 감추는 것이 아니라, 드러내고 기억하며 평화를 찾으려는 이들을 보며 나 역시 새로운 평화 감각을 배우고 있다. 그러던 중 베트남전쟁에서 동생을 잃은 유가족 강성오를 만났다.

11.
군사독재 시절, 시민과 민주화운동을 하는 이들을 감금, 폭행, 고문했던 곳으로 국가폭력의 상징인 공간이다. 이곳은 2025년, 6·10 민주항쟁 38주년에 맞춰 민주화운동기념관으로 개관하였고, 민주주의 역사를 배우는 현장으로 자리매김하고 있다.

우리는 동생에 대해 아무것도 모르는데

강성오(남, 80세)가 서울현충원에 처음 간 날은 1970년, 동생의 안장식 날이었다. 그는 부모님과 함께 유난히 크고 뾰족한 지붕을 얹은 충혼관에서 동생의 유골함을 쳐다보며 이것이 정말 현실인지 분간이 되지 않았다.

"시골집으로 전사 통지가 왔었어요. 베트남에서 동생이 전사했다고. 그러고는 유해가 오는 게 아니라 며칟날 현충원에서 안장식을 한다고 통보가 왔어요. 그래서 저의 부모님도 안장식 전날, 시골에서 올라오셨어요. 그런데 아예 베트남에서 화장까지 다 해서 유골함에 담겨 오고, 유가족은 그냥 현충원에 불려 와서 안장식을 하니까……."

타국의 전쟁터에서 동생이 전사했다는 통지를 받은 가족들은 말할 수 없이 큰 충격을 받았지만, 아무것도 알 수 없고 아무 대책도 없어 참담했다.

"덜컥 '전사!', 그 외에는 아무것도 모르고 한 줌의 재로 돌아와서 얼굴도 못 본 채 묻히는 거잖아요. 그런 죽음이 믿어지겠어요?"

지금 서울 동작동을 가득 차지하고 있는 국립서울현충원은 정문에 들어서면 충성분수대가 있고, 그 왼편에 '만남의 집'이 있다. 50여 년 전에는 만남의 집 언저리에 충혼관이 있었다고 그는 기억한다. 그곳에서 베트남전쟁 전사자의 안장식이 열렸다.

"제 동생 때는 한 20여 명이 같이 현충관에서 안장식을 했어요. 베트남에서 유해가 들어올 때 한 번에 그만큼 온 것 같아요. 지금 제 동생 묻혀 있는 줄, 그리고 그 앞줄까지 같이 했으니까요. 안장식 후 묻힐 묘역으로 이동했는데, 이미 묻힐 자리를 파고 전사자 이름을 쓴 나무 팻말을 준비해놓고 기다리고 있더라고요. 행사에 참여한 군인들이 유해를 들고 왔는데 묵념을 한 다음, 유해를 묻고는 이름을 쓴 팻말 꽂고 끝나더라고요. 누가 와서 동생이 어떻게 죽었는지 설명해주는 사람도 없었고요. 유가족들을 위로하거나 그런 절차도 없었어요. 그냥 그것으로 모든 것이 다 끝났어요. 우리는 동생에 대해 아무것도 모르는데……."

현충원에서 그의 이야기를 들으며 고 강성기 병장의 묘소로 향했다. 그는 걸음을 내디디면서 현충원이 어떻게 변화했는지, 1970년대부터 최근에 이르기까지 저 자리에는 무엇이 있었고, 조경과 도로가 어떻게 넓어졌고, 어떤 건물이 어디에 세워졌는지 등을 상세히 들려줬다. 50여 년 세월 동안 해마다 여러 차례 찾았던 현충원의 변화를 하나하나 세세히 기억하고 있었다.

시골집에서 맏이 노릇을 했던 둘째

강성오는 전남 무안 시골 마을에서 팔남매 중 장남으로 태어났다. 먹을 입은 많았지만, 거두어지는 것은 없던 시절이라

집은 늘 가난했다. 그는 초등학교에서 내내 반장을 하고, 전교 회장을 맡으며 도지사상을 탈 만큼 공부를 잘했지만, 부모님은 그의 재능을 달가워할 여유가 없었다. 그가 도시로 나가서 중학교에 진학하고 싶다고 하자 부모는 반대했다. 공부하는 자식보다 밥벌이해주는 자식이 더 절실하던 시기였기 때문이다. 결국 그는 부모와 갈등한 채로 홀로 타지에 나가 가정교사를 하며 중·고등학교를 다녔다. 그때 그를 지지한 이가 동생 강성기였다.

"형! 집은 내가 알아서 할 테니 공부나 열심히 해."

강성기는 형에게뿐만 아니라 가족 안에서 듬직한 기둥이었다.

"키도 작고 소심하고 공부나 하려는 나보다는 덩치 크고 시원시원하게 일 잘하는 동생이 부모님에게도 더 큰 힘이 되는 자식이었을 거예요."

강성오는 동생보다 일찍 1965년부터 1968년까지 군대에 가서 위생병으로 근무했다. 1968년 1·21 김신조 사태로 그의 군 복무 기간이 연장됐다. 최전방 사계 청소를 위한 고엽제 살포 당시 현장에 투입되기도 했다. 제대 말년 한밤중에 갑자기 불려 나가서 월남 파병 대상자들의 신체검사에도 참여했다.

"그때 제가 거의 제대 말년이었을 때예요. 부대 인사계에서 기록카드를 들고 가서 잠자고 있는 병사들을 깨워 이름을 불러요. 그 병사들은 신체검사를 한 다음 트럭에 실려 베트남 파병훈련소로 갔어요. 당시에는 월남전에 지원하는 사람이 적으니까, 군대에서 그렇게 차출했어요. 저는 위생병이어서 그때 신체검사에 참여했고요."

군대에서 그런 폭력적인 구조를 목격했기에 그는 동생이 베트남에 돈을 벌러 가겠다고 알려왔을 때 말렸다. 그러나 동생은 단호했다.

"얘가 군대에 가기 전에 아버지가 논을 팔아 낮은 산을 하나 샀거든요. 동생이 그 산을 개간해서 밭으로 만들어야겠다고 혼자 농기구 하나 들고 산의 절반을 일궜어요. 그러고 나니까 씨앗이랑 비료 같은 걸 사야 되잖아요. 물론 돈이 필요하고요. 그때 저는 군대에서 막 제대하고 아르바이트를 하면서 복학해 대학에 다닐 때였는데, 걔가 베트남에 가겠다고 하더라고요. 나는 안 갔으면 했는데……."

그는 부대에 있을 때 자신을 아꼈던 중대장이 베트남 파병 훈련소에 근무하고 있어서 동생을 잘 부탁한다는 말을 전하는 것으로 마음을 대신했다. 그리고 1970년 동생 강성기는 베트남에 갔고, 그해 전사자가 되어 유해로 돌아왔다.

한 달 내내 배달 온 편지

"제가 제일 괴로웠던 것은 동생이 죽어서 안장식까지 다 끝났는데 편지가 계속 오는 거예요. 그 당시 베트남에서 동생이 편지를 보내면 거의 한 달 후에 왔거든요. 한 달 동안 계속 왔어요. 시골에 계신 부모님도 저처럼 편지를 받을 거 아니에요. 그러면 어머니가 그러시는 거죠. '아니, 성기가 안 죽은 거 아니냐?' 서울까지 가서 묻고 왔는데도 계속 그러시는 거예요."

자로 잰 듯이 반듯하게 세워진 묘비들이 끝없이 펼쳐져 있는 현충원에서 그리움과 설움이 담긴 그의 이야기를 더 들었다.

"아마 어머니가 서울에 사셨다면 날마다 여기 와서 울고 계셨을지도 모르죠. 자식이 사고 치고 어쩌고저쩌고하는 것은 수습할 수 있잖아요. 그런데 자식이 부모 먼저 죽으면 방법이 없더라고요. 남은 자식들은 아무 위로가 안 되고, 어떤 행동도 소용없더라고요. 그건 틀림없어요. 제가 지금 고속버스터미널 근처에서 살아요. 어머니 때문이었어요. 70년대 당시에는 전남 무안에서 서울까지 오려면 보통 열 시간 가까이 걸렸어요. 멀미가 심해 아무것도 드시지 않고 차를 타시는 어머니는 도착하면 파김치가 됐어요. 그리고 또 택시를 타고 제가 사는 집을 찾아와야 했어요. 제가 할 수 있는 게 없잖아요. 그래서 어머니가 시골에서 오자마자 그냥 걸어오실 수 있는 집을 사야겠구나 싶어서 고속버스터미널에서 가장 가까운 집을 구했어요. 어머니는 돌아가실 때까지 한 해도 거르지 않고 동생을 보러 현충일마다 오셨죠."

그는 동생이 전사한 뒤 4-5년간 현충일이 되면 동생과 같은 부대 동료들이 찾아왔다고 했다. 시간이 지나면서 점점 그 인원이 줄어들다가 어느 해부터 아무도 오지 않게 되었지만, 그때 찾아온 부대원들에게 동생의 죽음에 대한 이야기를 조금씩 들을 수 있었다.

"무슨 작전을 나갔는데 비가 엄청 많이 왔대요. 다들 밖에 못 나가고 어두컴컴한 텐트 안에 있었는데 갑자기 '꽝' 했대요. 그때 거의 다 쓰러졌대요. 포탄이 떨어진 건지 지뢰가 터진 건지는 모른대요. 한 대여섯 명이 왔다 가면서 이야기해줬는데, 상황은 같아도 이유는 다 달라요. 아무튼 그때 제 동생 바로 옆에 있는 병사는 즉사했고 동생은 며칠 살아 있었대요. 폭발 당시 살아 있었는데, 한 3일 동안 죽여달라고 그렇게 소리를 질렀다고 그러더라고요. 그러면서 내가 집에 보내기 위해 이러이러한 거를 준비해놨는데 나 죽고 나면 꼭 좀 보내달라고 부탁도 했다고 그러더라고요."

그는 아직도 동생이 전투 중에 죽음을 당한 건지, 부대원들 내에서 일어난 사고로 죽음에 이른 것인지 알지 못한다. 군대와 정부는 동생의 죽음에 대한 제대로 된 경위나 진상을 알려준 적이 없다. 간신히 동생의 동료들에게 들은 정보 조각들로 동생의 죽음을 짜맞춤해서 이해하려고 애쓸 뿐이다.

그가 죽은 동생에게서 한 달 내내 받은 것 중에는 사진도 한 장 포함되어 있었다. 철모를 옆에 벗어놓고 서 있는 모습이었는데, 이 사진은 그에게만 전달됐다. 그는 나중에, 죽은 아들이 보고 싶다 우시는 어머니에게 그 사진을 전했다. 어머니는 밭에 일하러 다니면서도 늘 주머니에 그것을 넣고 다니셨다고 한다.

죽음조차 차별받는 공간

"우리도 저거 하나 하자. 너 돈 벌면 저것 좀 해주라."

유가족이 자비를 들여 만든 상석이 무덤 앞에 드문드문 있는 모습을 보며 어머니는 부러워했다고 한다.

어느 해, 그는 어머니의 소원을 들어드리고자 마음먹고 현충원에 상석 세우는 방법을 문의했다. 그러자 지금은 상석을 만드는 것이 금지되어 있다는 대답을 들었다.

"이제 그런 것 못 합니다. 규정이 바뀌어 지금 있는 것도 없애려고 합니다."

그러곤 어느 날부터 이미 해놓은 상석들이 땅속에 묻혀있는 것을 보았다. 돌 위에 쓰인 글씨만 지표면 위로 겨우 보일 정도였다. 그때 그는 옆에 묻힌 전사자 유가족의 푸념 소리를 듣기도 했다.

"우리 형제들이 죽은 애를 기리기 위해서 뜻을 모아 했는데 그것마저 땅속에 묻어버렸어요."

그는 상석 하나가 뭐라고 죽어서까지 차별을 받아야 하는지 불만스러웠다.

"바로 앞 사병 묘지에 묻힌 채명신 장군 묘역에는 상석이 있습니다. 물론 대통령, 국무총리, 다른 장군 들도 다 상석이 있고. 또 무덤 규모가 다르지요. 개인이 차지하고 있는 평수도 다르고 비석 크기도 다르고 거기에 쓰는 문구도 다르고요. 여기 현충원에서는 신분과 계급에 따른 차별을 한눈에 볼 수 있습니다. 위화감이라고 할까, 이건 좀 심하다 하는 느낌을 받죠."

그는 생각난다는 듯 또 하나의 이야기를 덧붙여 들려줬다.

"현충일이었는데 정문에서 유가족이 들어가는 것을 막았습니다. 웬일인가 하고 둘러보니 검은 차들이 쭉 늘어서 있고 경호가 아주 삼엄해요. 건물 옥상에 저격수들이 배치돼 있고……. 참배객들은 정문으로 출입을 못 하게 하더라고요. 후문으로 돌아가야 하는 줄이 길게 늘어져 있고요."

당시 현충일은 정부 고위직의 안전만을 중시하는 기념행사 같았다. 정작 죽은 자식을 만나러 긴 시간 달려온 유가족들은 어떤 위로와 보살핌도 받지 못했고, 현충원에 들어가기 위해 기다림과 돌아가기를 반복하면서 식이 끝나고 나서야 겨우 묘비 앞에 도착했다.

현충원에서 떠오르는 착잡한 마음

고백하지면 나는 강성오를 인터뷰하기 전까지 현충원에 가본 적이 없었다. 내게 현충원은 정치인들이 때가 되면 으레 기자들을 대동하고 가서 묵념하고 사진이나 찍는 곳이었고, 현충일은 그저 하루 쉬는 날일 뿐이었다. 초등학교에 다니던 무렵에는 '6월은 호국보훈의 달'이라는 가르침에 따라 그게 무슨 뜻인지도 모르는 채 '우리의 소원은 통일'이라는 노랫말을 부르고, 태극기나 무궁화, 우리나라 지도 그림을 그리는 숙제를 했다. 현충일 전날에는 학교에서 '나라사랑', '평화통일'을 주제로 글짓기를 하거나 포스터나 표어를 써서 상장 하나 더 받으면 좋은 그 정도의 날이었다. 중·고등학교 시절에는 '국군의 날'을 맞아 이름도 얼굴도 모를 군인 아저씨들에게 '나라를 지켜주셔서 감사합니다'라는 내용의 위문편지를 쓴 기억이 난다.

강성오의 이야기를 들으며 내가 가보지 않았던 현충원과 함께 문득 '국가'란 무얼까 질문하게 됐다. 어쩌면 우리 사회는 그동안 '국가'라는 이름과 명분을 내세워 다른 많은 가치들을 납작하게 만들고 도구화시켜온 것은 아닐까. 과연 이 기억이 언제까지 이어질 수 있을까.

3장

분열과 모순 속에서 전쟁을 듣는 마음

몸의 기억들로
전쟁을 듣기

김엘림

한동안 서랍 밖을 나올 일이 없던 유선 이어폰을 오랜만에 꺼낸 참이었다.

"그냥 그 썩은 냄새를 맡으니까, 코에서 코피가 나와버리더라고."

참전군인 안익순의 말이었다. 내가 함께 자리하지 않은 인터뷰의 녹취를 풀 때는 내가 한 인터뷰를 정리할 때보다 훨씬 더 신경을 많이 써야 한다. 직접 쓴 노트나 기억의 도움을 받을 수 없기 때문이다. 다행히 이번에는 재춘이 만든 녹취록 초안이 있었다. 그리고 AI가 꼼꼼하게 매분 매초를 기록해준 문서까지.

안익순을 만나고 온 것은 재춘과 미화였다. 손을 거드는 차원에서 녹취록 작성을 자원했다. 그러니까 나는 말하자면 한발 늦은 청자인 셈이다. 이 '지연된 경청'의 자리에서는 말하는 이의 표정도, 순간을 감싸는 공기도 읽을 수 없다. 그 공백을 채우기 위한 상상이, 한 발짝 떨어진 자리의 질문들이 피어오를 때마다 나는 재생 중이던 녹음 파일을 몇 번이고 멈추곤 했다. 그러니까 이런 질문 같은 것 말이다. '정말 냄새를 맡는 것만으로

사람이 코피를 흘릴 수 있는 걸까?'

"적의 시신이니까, 뭐야. 월남 민간인들도 자기들 그 시체를 놔두면 냄새가 어떻게 나던지, 좌우간 빨리 치울라고 애를 써요. (……) 아니 공병이 뭐 인자 묘지만 작성하는 거지. 월남 민간인들이 자기네들도 시체 있으면 썩으면 고약하니까. 그래가지고 거기서 이 묘 작업 하면서 씨레이션을 까먹고 점심 먹고 있는데, 바람이 인자 시체 있는 데서 우리 있는 대로 불어부니까, 그래갖고 코 금방 코피가 나불더라니까. 시체 썩는 냄새. (……) 그렇게 독해 사람 썩는 냄새가. (……) 100구? 모르겠어요, 그 뭐 완전 숫자는, 그래가지고 시신을 그거[거기에] 놓으면 썩은 냄새 때문에 살지를 못해. 그러니까 휘발유를 갖다 냄새허고 덜 나게 허고."

후에 이 이야기를 나누면서 재춘은 그럴 수 있다고 이유를 설명해주었지만, 사실 그럴 수 있느냐 없느냐보다 내게 더 중요한 건 냄새 때문에 코피가 났다고 할 만큼 '강렬했던 몸의 기억'이 있다는 사실이었다. 그는 첫 번째 구술에서도, 두 번째 구술에서도 이 기억을 빼먹지 않고 떠올렸다. 아카이브평화기억이 만난 또 다른 참전군인도 강렬한 냄새를 통해 베트남의 기억을 떠올렸다고 전해 들었다. 전장에서 시체를 보거나 타인의 죽음을 겪은 이들의 경험 속에 단순히 '보는 것' 그 이상의 감각들이 뚜렷하게 남아 있는 경우들을 만나게 된다.

돼지를 잡아 쌓아놓은 것만 같았던 피비린내, 겨우내 목욕

한번 하지 못한 군인들의 발냄새, 땀 냄새, 옷 냄새가 뒤섞인 전장 한복판의 구급차를 '지옥도'로 떠올려내는 한 6·25 참전군인의 회상에서도 냄새는 잊을려야 잊을 수 없는 기억이었다. 또 다른 6·25 참전군인 역시 죽은 전사자들의 시체를 쌓아놓고 기름을 뿌려 소각하던 그 냄새를 또렷하게 기억한다고 말했다. 그 감각들은 여전히 그들의 몸 안에 남아 있는 것만 같았다. '몸의 기억'인 것이다.

안익순은 시체의 부패 과정에서 나는 냄새를 덮기 위해 사망자들의 시신을 소각한다고 말했다. 그저 막연하게 시신의 훼손이나 사실 은폐 같은 것을 떠올렸던 내게는 생각지도 못한 부분이었다. 죽은 '몸'의 냄새는 그만큼 지독하고, 산 사람들은 그 냄새를 도무지 참지 못하고, 그래서 그 냄새를 애써 지우려 하지만, 그렇기에 되려 수십 년의 세월이 지나고도 그 냄새만은 선명하게 기억하고 마는 것일까. 대체 어느 정도길래, 싶다가도 일생 모르고 살 수 있기를 바라게 된다. 이런 이기심도 평화에 한 줌 보탬이 될 수 있지 않을까 생각하면서.

문제는 전쟁의 참상을 아무리 잘 기록하거나 재현하려 애쓴다 해도, 그런 '몸의 기억'들은 기록으로 전해질 수 없다는 것이다. 말과 글이 아무리 애쓰려 해도 전할 수 없는 그 '몸의 기억'들을 놓치는 것이, 어쩌면 사람들이 전쟁을 극도로 단순하게 사고하거나 쉽사리 낭만화해버리는 하나의 이유가 아닐까? 너무 쉽게 전쟁을 말하는 이들에게 묻고 싶어질 때가 있다. 정말로 그 모든 걸 감당할 자신이 있기는 하냐고.

이렇게나 단순하고 얄팍한 전쟁 이해에는 자본의 논리도 빠질 수 없다. '월남에서 돌아온 김 상사'라면 달러깨나 벌어 왔을 것이라는, 소망인지 질투인지 모를 성공 신화가 흔했다.

"월남에 가면 돈을 많이 번다, 그런 걸 알고 가신 거예요?"

"돈보담도 난 그냥, 워낙 먹고 뭐 살 길도 없고, 집에 와봤자 씨, 먹고사는 것도 힘들고 그러니까 한번 가볼란다고 그랬지."

외화벌이 뭐다 말들은 많았다지만 안익순의 파병길에는 '한몫'에 대한 기대감보다 당장의 곤궁을 벗어나는 것이 급선무였던 듯했다. 군 복무를 거의 다 마치고 제대 휴가를 나온 안익순이 마주했던 현실을 들어보자.

"아니. 나는 그때 제대하려고 왔는데 저 뒷줄이 넘어지고 밭이고 뭐 농사가 그때, 비가 안 와가지고. 다 말라붙어가 식량이 나올 것이 없어. 이제 제대 휴가를 왔는데. 그래가지고는, 집에 와도 식량이 없고 그러니까네, 입이라도 하나 덜을려고. 파병을 신청했어."

부대에 복귀한 안익순은 베트남전 파병을 신청한다. 집으로 돌아간다 해도 식량 하나 없게 생긴 마당에 원체 먹고살 방도는 보이지 않으니 입이라도 하나 덜어야겠다, 그리 판단한 것이다. 그런 그에게 대대장은 "미친놈 아니냐"고 말했다는데, 그 미친 짓을 해야만 했던 안익순의 마음은 오죽했을까. 내 집에 돌아가는 일이 가족에게 줄 부담이 될까 걱정해야 하는 마음, 쉽사리 상상하기 어려운 마음이었다.

　그런 와중에도 안익순은 하사로 진급하면 복무 기한이 연장될까 봐 '만년 병장'으로 남기를 선택했다. 3년여의 의무복무를 마친 뒤 베트남전 참전을 위해 복무연장을 신청할 때 군에서는 하사를 달으라고 했지만 "그냥 놔두라"고 했다. "지금 생각해보니까 멍청한 얘기"였다고 "하사를 올려주면 뭐라도 더 받았을 텐데 제대 못할까 봐 병장을 달고 있었다"라고 말하는 그의 목소리에는 씁쓸함이 묻어나는 듯했다.

　가난과 굶주림에 떠밀려 군대로 향해야 했던 이들의 이야기는 셀 수 없을 만큼 많다. 안익순뿐 아니라 다른 많은 월남 파병 군인들의 이야기들도 으레 가난에서부터 출발하곤 한다. 국가는 이들에게 '5개월만 아껴 쓰고 송금하면 여러분 가정에는 살찐 황소가 한 마리 불어나게' 된다고 선전했지만, 많은 이들의 현실은 군대에라도 남아 있어야 끼니 걱정을 덜 수 있는 수준이었다. 납작해진 '김 상사'의 신화에는 미제 라디오와 양담배가 반짝이지만, 참전군인 한 사람 한 사람의 이야기 속에서 가난은 건조한 수식어에 그치지 않는다.

　그래서였을까. 안익순은 실로 '성실한 시민'이었다. 베트남전 참전뿐만 아니라 안익순의 삶은 한국 현대사의 굵직한 사건들과 이리저리 얽혀 있다. 그리고 그의 삶에서 가장 핵심적인 키워드 하나를 꼽으라면 '운전'을 빼놓을 수 없을 것이다. 광주공고를 졸업했던 안익순은 입대 후 25사단 포병대 견인포 운전병을 거쳐 대대장 차량을 몰았다. 여기에 각종 기계정비 능력까지 갖추었던 그는 군대에서 '필수 인력'으로 자리매김할 수 있었고, 덕분에 군 내에서도 비교적 자유롭게 행동할 수 있었다. 내무반 생활로 골치 아플 일도 적었고, 파병 전 오음리 훈련소에서도 훈련을 받는 대신 자동차 공장에서 훈련소 차량을 정비해주곤 했다. 베트남에서도 그는 9사단 백마부대 공병대 소속으로 내내 군용트럭의 운전석에 앉아 있었다.

제대한 뒤 1969년부터는 현대건설 소속으로 경부고속국도 건설 현장에서 일했고, 이후 10여 년을 조선소를 비롯한 여러 현장에서 운송기사로 근무했다. 잦은 이사에 자녀들이 걱정될 즈음 고향인 광주로 귀향했고, 1980년 일을 잠시 쉬던 시기 광주에서 5·18을 겪기도 했다. 그 뒤 1981년부터 2001년 정년퇴직에 이르기까지 장장 20년을 버스 기사로 일했으니, 말하자면 그는 가장 젊은 날 군대에서부터 정년에 이르기까지 30년도 넘는 길고 긴 세월을 운전석에 앉아서 보낸 것이다. 그에게 운전이란 무엇이었을까?

생각해보면 안익순이 다닌 운전 길은 늘 경로가 정해진 길이었다. 자유롭게 어디로든 떠나는 길이 아니라, 사령관의 지시에 따라, 건설 현장의 운송 루트를 따라, 버스 노선을 따라 늘 정해진 길을 그는 오갔다. 안익순의 말하기 방식은 삶에 대한 그 자신의 태도를 그대로 녹여놓은 듯했다. 아니면 아니라고 말하고 모르면 모른다고 말하는 그의 이야기에는 꾸밈도 과장도 드물었고, 동시에 어떤 감정이나 마음들도 크게 드러나지 않았다. 무던함과 무덤덤함 사이를 오가는 그의 말을 들으며 나는 그 뒤에 자리 잡은 '마음'들이 무엇일지 묻고 싶었다.

그런 그가 처음으로 가본 '해외' 베트남에 대한 인상을 말하는 대목에서 나는 내 머릿속 '전쟁'이라는 낱말에 붙은 따옴표를 지워야 할 때도 있음을 곱씹게 됐다.

"상상하는 대로 더운 지방, 이래가지고 야자수 있는, 뭐, 많은 나무. 이래가지고. 왔으니까. 관광 온 겸. (질문자: 관광 온 겸? 전쟁턴데?) …… 그 관광지들도…… 많이 돌아다녔어요. 캄란 베이스로 그쪽에 가서도 막 한 달씩 두 달씩 있었고."

전쟁터였다고는 하지만 월남행은 안익순에게 다른 세계를 접하는 순간의 호기심과 기대감의 공간을 열어주었던 듯하다. 외박이나 휴가 같은 건 전혀 없었다는 한국군 장병의 근무 여건에서도 그에겐 공병 수송 업무가 허락한 틈새의 여유가 있었다. 다만 내 좁은 상상력이 전쟁뿐 아니라 전장의 사람들마저 좁디좁은 틀 안에 가두어 상상하게 했을 뿐. 그러니 문득 당황하고 만 것이다. 나도 모르는 사이 참전군인의 경험을 듣는 일을 전쟁의 참혹함이나 비참함, 부조리함을 고발하는 장으로 도구화하고 있는 건 아니었나 하면서. '전쟁' 두 글자에 붙은 따옴표를 떼고 한 사람의 경험에 오롯이 집중하는 일은 그만큼 어렵다.

틈새마다 많은 생각들이 꼬리를 물었다. 뒤늦은 듣기에 따라붙는 뒤늦은 질문들도 하나둘 쌓여갔다. '나라면 이렇게 묻지

앉았을 텐데.' '구술자보다 질문자가 더 앞서 나간 건 아닌가?' '구술자가 말하고 있다기보단, 질문자나 동행자의 개입에 단순히 반응만 하고 있는 건 아닌가?' '작전 끝나고 휴가증을 받아 양공주를 만나러 갔던 연대도 있었다고? 그 양공주들은 어디서 온 누구이며, 어디에서 만날 수 있었던 건데? 왜 그 연대는 그런 특별대우(?)를 받았지? 이 대화는 이걸로 끝인가? 너무 아쉬운데⋯⋯.' 늘어가는 물음표들 사이로 자꾸 생각했다. 이렇게 묻지 않았다면 어땠을까? 키워드는 제시해도 방향은 열어놓았다면 더 많은 걸 들을 수 있지 않았을까? 그러다 또 생각했다. 이렇게 물은 덕분에 안 나왔을 답이 나왔을 수도 있겠다. 구술자 혼자서는 꺼내기 어려운 지점들을 정확히 짚어준 걸지도 모른다. 다른 한편에서는 막연한 장벽도 느꼈다. 얼마나 공부하고 가서 들어야 할까? 아니, 얼마나 공부해야 가서 들을 수 있을까? 도무지 자신 있게 대답할 수는 없지만, 최소한 아는 만큼 듣고 또 물어볼 수 있을 것이다. 어쩌면 몰라서 또는 몰라야만 할 수 있는 질문도 있을 것이다. 그러니까 결국 '듣는' 일 자체는 어느 하나 쉬운 것 없고 온통 어려운 것들뿐인 거다.

녹취록 작성을 마치고 근 넉 달의 시간이 흐른 뒤에야 나는 처음으로 안익순과 대면했다. 마이크나 카메라를 통하지 않고 만난 그는 녹음 파일에서보다 훨씬 말수가 적게 느껴졌고, 새로운 얼굴을 어색해하는 듯하면서도 이런저런 일상을 나누어주었다. 우리의 이야기는 그의 베트남 시절과 현재를 넘나들며 이어졌고 몇 가지 새로운 이야기도 들을 수 있었다. 녹음기를 켜지 않은 것이 아쉽지 않았다고 하면 거짓말일 테지만, 욕심을 부리면 안 될 것도 같았다. 그날의 나는 그에게 품었던 질문들을 쏟아내기보다 '지금' 안익순의 주제들이 무엇인지 듣고 싶었고 그의 말에 담긴 건강, 가족, 농사 같은 주제들은 내 부모님의 주제들과 크게 다르지도 않았다.

짧지 않은 시간을 내어준 뒤 바쁜 발걸음으로 떠나는 그를 보며 나는 떠올렸다. 곧 다음이 또 있기를. 그 다음에는 더 잘 묻고, 더 잘 들을 수 있기를. 그런데 그러려면 어떻게 해야 하지……?

참전군인을 만났습니다

박혜진 이야기　　　　　　**당신을 만나고 싶은 이유**

　　나의 할아버지 김시호는 베트남전쟁 참전군인이다. 1969년 12월 베트남전쟁에 참전했다. 나는 어린 시절을 할아버지와 함께 보냈고, 할아버지는 내게 배와 복숭아를 열심히 농사지어 정성스럽게 보내주시는 그런 분으로 자리하고 있다. 그러던 어느 날 학교 수업을 통해 베트남전쟁에서 벌어진 한국군 민간인 학살 사건을 알게 되었고, 나의 할아버지를 어떻게 보아야 할지 고민이 생겼다. 베트남전쟁 파병을 결정한 한국 정부, 폭력의 현장에 간 군인들, 고엽제 피해를 입은 참전군인이라는 존재를 알게 되었고, 시민평화법정과 자료를 통해 민간인 학살 피해 생존자의 이야기를 들었다. 그럴수록 베트남전쟁이 너무 다층적이고 어렵게만 느껴졌다. 어쩌면 외할아버지라는 존재가 나를 어렵게 만든 것인지도 모르겠다. 그렇게 풀리지 않는 고민 속에 나는 이 문제를 모르는척 하지 않기로 했다. 이전이라면 '꼰대의 이야기'로 여겼을 할아버지의 이야기, 그중에서도 전쟁의 기억과 삶의 이야기를 듣기로 했다. 나와 같은 고민을 하는, 참전군인 할아버지를 둔 또 다른 청년들의 이야기도 찾고, 고엽제후유증으로 아직 끝나지 않은 할아버지의 전쟁을 마주하며 단편영화를 만들기도 했다. 그리고 적극적인 이야기로 과거를 돌아보는 참전군인 오경열도 만나게 됐다. 그럴 수록, 만남의 의미에 대해 생각하게 된다. 우리는 잘 모르는 것을 쉽게 혐오하는 문화에 살고 있는 것 같다. 그러하기에 참전군인을 만난다는 것은 폭력의 구조를 마주하는 것과 다르지 않다. 이 구조 안에서 나와 다른 당신이, 내가 잘 모르는 당신과 나는 어떻게 함께 해방을 찾아갈 수 있을까. 계속 만나고 싶은 이유이다.

최여울 이야기 ─── 가해의 증언이 미래의 듣기와 만날 수 있으려면

제2차 세계대전이 끝나고 일본인 전범 중 일부는 시베리아 억류를 거쳐 중국 푸순전범관리소 등으로 이송되어 중국의 관리 하에 포로 생활을 했다. 당시 포로 생활을 했던 전범들은 중국의 관용적인 대우에 굉장히 놀랐는데, 강제 노동 등이 없었음은 물론 충분한 음식과 자유시간이 제공되었기 때문이다. 이 자유시간을 통해 포로들은 자신의 과거와 생애를 돌아볼 수 있었고, 이후 이들은 탄백[12]학습이라 불리는, 자신의 죄에 대해 구체적으로 고백하고 성찰하는 과정을 경험하게 된다. 그리고 1956년 특별군사법정 판결 결과 대부분의 전범들은 불기소처분을 받았고,

---

12.
탄백(坦白), 숨김없이 있는 그대로 말함.

기소되어 유죄판결을 받은 45명 중에서도 사형, 무기형 등은 없었다. 이 전범들은 일본으로 귀국한 후에 중국귀환자연락회(중귀련)를 결성하여 자신들의 가해 사실을 증언하며 반전 평화 운동을 이어갔다. 스스로 조직을 이루어 증언의 자리를 만들어가고, 증언을 엮은 책을 내기도 했다. 가해 경험에 대한 증언을 하는 것은 사회적으로 어떤 의미를 가질까?

 나는 중귀련 회원들이 가해 경험을 증언하며 계속되는 성찰의 과정을 거쳤던 점에 주목했다. 포로 중 한 명은 탄백 과정에서 어차피 중죄에 처해질 것이라는 마음으로 자신의 가해 행위를 나열한 보고서를 제출했으나, 관리부장에 의해 진정한 탄백서가 아니라는 이유로 반려당했다. 이것은 탄백이 단순히 사실을 되짚는 것에서 그치는 것이 아니라, 그 사실이 왜 잘못된 행위였는지 성찰하고 반성하는 고민 끝에 이루어지는 것이라는 생각이 바탕에 깔려 있기 때문이었다. 이후 중귀련의 증언은 사실 나열을 넘어서는 책임으로 확장될 수 있었을까. 이러한 가해 증언이 가능하려면 필수적으로 동반되어야 하는 '가해 증언을 듣는 일'일 것이다.

 나는 참전군인 구술 프로젝트에서 송금술 어르신을 만났다. 만남의 첫날, 나는 그분께 전투 경험과 같은 가해 경험, 고엽제 피해나 트라우마와 같은 피해 경험에 관련한 이야기를 들을 것이라고 생각했다. 그러나 실제로 듣게 된 이야기는 전혀 다른, 예상을 빗나간 것들이었다. '대민지원 활동을 하며 월남인들을 지원했다', '전쟁에서 딱히 기억에 남는 일은 없었다'는 등 피해·가해 서사의 이분법적인 구도 중 어느 쪽에도 꼭 들어맞지 않는 이야기들이었다. 이를 통해 기존의 편견이 깨지는 과정은 '나는 왜 가해 경험에 대한 증언을 기대했는가', 그리고 '그것을 들을 준비는 되어 있는가'라는 질문을 갖게 했다.

그러한 기대는 '참전군인'이라는 집단에 대한 제한적 인식에서 기인했다고 생각한다. '전쟁을 경험한 사람이라면 이럴 것이다'라는 생각 말이다. 물론 의도적으로 편향된 정보를 얻고 싶어 했다기보다는 정말 잘 몰랐기에 발생한 상황이었지만, 이것은 듣는 사람으로서 말하는 사람을 좁은 인식의 틀에서만 바라본 시선일 것이다. 이런 상태로 가해 경험에 대해 들었다면 어땠을까? 그랬다면 피해와 가해의 전형적인 구도를 벗어난 예외의 이야기, 다른 이야기들을 만나지 못했을 것이다. 그리고 이야기를 나누는 과정 속에 듣는 사람의 자리가 생겨나지 않았을 것 같다.

중귀련의 사례에서 가해자와 피해자 사이의 관계와 용서, 화해 등에 대해서도 생각해볼 수 있겠지만, 내가 만났던 참전군인과의 경험을 토대로 되짚어 보면, 그 사이에 있을 수많은 '제3자들'에 대해서 떠올려볼 수 있다.

어떠한 폭력에 대한 책임과 화해는 가해자와 피해자 둘 사이에서만 일어날 수는 없는 것 같다. 듣는 사람이 없다면, 즉 증언의 자리가 마련되지 않으면 말하기는 불가능할 것이다. 가해에 대한 증언은 국가가 내린 명령을 그저 수행했을 뿐이라는 논리에서, 가해 행위를 실행한 주체로서의 책임을 찾아내고 인정해야 가능하기에 쉽지 않다. 가해 사실을 공개적으로 드러내는 일은 사회적 질타와 낙인에 그대로 노출되는 일이기도 하므로 더더욱 어려움이 있다. 중귀련의 경우, 공동의 경험을 가진 다수가 단체를 조직하였기에 자체적으로도 여러 활동을 하는 것이 가능했지만, 개인으로 존재하는 많은 사람들은 그렇게 하기 어려우니 더더욱 말의 자리를 가지기 힘들 것이다. 그렇다면 증언의 자리를 만들고, 듣는 역할에 기꺼이 놓이며, 함께 그러한 폭력이 반복되지 않는 다른 미래를 만들어가고자 하는 사람들이 있어야 책임을 지는 행위가 의미를 발휘할 수 있지 않을까?

  죄를 인정하고 탄백하는 과정을 거쳐 중귀련 활동을 이어간 이들은, 고령의 나이로 더 이상 증언을 이어가기 힘들 때까지, 30년이 넘는 시간 동안 증언 활동을 지속해나갔다. 잡지를 만들고, 다른 사람들과 토론하고, 법정에서 증언을 하는 시간들은 그들의 전후 생애에 걸쳐 지속적으로 일어났다. 이러한 삶의 흐름에 따라 이들의 해석과 태도는 달라졌을 것이다. 그러므로 이들의 증언을 이미 끝난 이야기의 재생 반복으로 듣지 않고, 여전히 삶 속에서 가해의 경험을 마주하며 탄백을 하고 있는 것으로, 평화운동으로써 확장하고 있는 것으로 이해해야 하는 것 아닐까.

  '화해', '용서', '해결'과 같은 완전한 마무리를 짓는 것을 경계할 필요가 있다. 사건을 결론짓고 단정하는 것보다, 성찰과 질문이 계속 이어질 때 더 다양한 이야기들이 오갈 수 있음을 알아차리게 된다. 그렇기에 우리의 듣기도 현재에만 국한되는 것이 아니라 미래의 듣기로서 가능성을 열어두어야 하지 않을까. 과거의 이야기로 끝나지 않고 미래로 이어간다는 것을 어떻게 현재에서 확보해나갈 수 있을까?

베트남전쟁에 참전했던 당사자들은 나이가 들어가고 기억이 흐릿해져가고 있다. 당사자가 아님에도, 당사자의 기억과 이야기를 들은 우리는 다시 누군가에게 그것을 전해야 하는 위치에 서게 된다. 우리는 어떻게 듣고 어떻게 기억을 전할 수 있을까?

노예주 이야기 ━━━━ 주저하며 듣기

최홍희를 만났을 때, 나는 내가 살아온 세계와 불화하는 말들 앞에서 잠시 주춤거렸다. 국가주의와 가부장제로부터 비롯된 부분들을 경계하는 것이 내게는 자연스러운 감각이었기 때문이다. 미등록 이주민에 대한 차별에 반대하며 시작한 운동을 통해 국가폭력의 부당함을 느꼈고, 강제 철거 현장과 같이 쫓겨나는 이들이 싸우는 현장에 연대하고 동물권 운동을 하며 자본주의에 대한 환멸을 느꼈다. 그리고 무엇보다, 나는 페미니즘을

접한 세대의 흐름 속에 있었다. 가부장제에 동의하지 않는다는 전제를 공유하는 이들과 주변을 형성해왔기 때문에, 성별 이분법으로 서로의 젠더를 판단하지 않으며, 원가정, 학력, 나이, 결혼이나 출산에 대한 이야기를 묻지 않고, 섣불리 외모를 평가하지도 않는 관계에 더 익숙했다. 하지만 완전히 다른 시간을 살아온 최홍희가 나와 같은 감각을 가지고 있지 않다는 것을 기억해야 했다.

최홍희는 큰 키에 정장을 말끔하게 입고 나와, 우리를 친근하게 맞이했다. 우리가 처음으로 들었던 이야기는 그의 근황이었다. 주로 '대한민국 월남전참전자회'에서 일어나는 일에 대한 것이었는데, 특히 전투수당에 대한 참전군인 단체 내부의 의견과 상황이 복잡했다. 그들은 각자의 의견을 말하고, 단체는 그중 강한 의견을 중심으로 흘러가는 듯했다. 최홍희는 강한 의견을 견제하는 내부의 흐름에는 공감하는 것 같았지만, 주로 이런 갈등으로부터 거리를 두고 이야기했다.

솔직히 말하자면, 당시 나는 아직 본격적인 구술이 시작되지 않았다고 생각해서 그의 이야기에 집중하고 있지 않았다. 준비해 온 첫 질문도 시작하지 못한 데다가, 참전 당시의 이야기도 아니었기 때문이다. 더구나 모르는 단어들이 있어서 반쯤은 못 알아듣기도 했다. 그러다 이야기가 점점 길어지면서 이미 '듣기'가 진행되고 있었다는 걸 깨달았다. 이미 시작된 말들을 나도 모르게 잘 듣지 않았던 것은, 베트남 전장에서의 생생한 기억을 듣게 될 것이라고 은연중에 예상했기 때문이다. 하지만 과거 월남에서의 기억뿐만 아니라, 현재로 이어지는 이야기들 또한 '전쟁'의 기억이다. 참전의 문제는 여전히 이들의 삶에서 중요한 화두로, 일상으로, 근황으로 자리 잡고 있었다.

최홍희의 근황을 들으며, 참전 이후 어떤 관계 속에서 살아왔는지 알 수 있었다. 사회적으로 월남 참전군인에 대한 관심은 저조했고, 그들은 고립된 방식으로 모여서 소통해왔다. 참전 경험과 생각에 대해서 다른 세대나 집단과 이야기할 기회는 거의 없었다. 그리고 이러한 단절로 인해 만들어진 차이는 덮어둘 수 없는 것이었다. 또한 최홍희의 삶에는 전쟁이라는 역사적 배경 그리고 국가, 가족과의 관계가 지금과는 사뭇 달랐던 시대적 배경이 있었다. 군인이 된 과정에는 아버지와 형의 뜻이 있었고, 월남 참전에는 국가 시스템과 시대적 배경이 개입되어 있었지만, 최홍희는 이를 '운명'이라 이야기했다. 나는 그 '운명'이라는 단어가, 삶의 선택이 온전히 개인의 문제가 아니었던 역사적, 시대적 배경을 받아들이는 최홍희의 태도처럼 느껴졌다.

나는 구술 과정에서 서로의 차이를 마주하면서 이를 어떻게 전해야 하는지 고민했다. 그의 말을 전하기 어려워했던 마음을 돌아보면, 어쩌면 참전군인으로부터 '전쟁은 정말 끔찍한 것, 해서는 안 되는 것'이라는 답을 듣고 싶었던 것 같다. 한 사람을 통해 전쟁의 참혹함에 대해 듣고, 전쟁이라는 폭력에 대해 전할 수 있을 거라 생각했다. 이해할 수 있는 말들을 예상했다. 그러나 쉽게 끄덕여지지 않는 말들을 만났고, 바로 그 지점에서 만남의 의미를 찾아갔다. 이 만남은 이해할 수 없는, 참전군인을 만나러 가는 일이었다. 그렇기에 '다름'을 무마시키는 방식이 아니라, 들여다보는 방식의 듣기를 택했다.

가장 주저했던 순간은 민간인 학살에 관한 이야기를 나눌 때였다. 최홍희는 군인의 입장에 대입하여 사건을 이해했다. 그는 당시 베트남인에 대한 공격은 아군을 지키기 위해서 어쩔 수 없는 판단이었을 것이라는 입장이었다. 군인이라는 오랜 정체성을 가지고, 군복을 운명으로 받아들인 그에게는 군인으로서의 입장이 우선이었던 것 같다. 이는 피해자의 입장을 고려하며 이 문제를 바라보는 시각과는 차이가 있었기에 더 무겁고 불편하게 다가왔다. 하지만 듣고 싶은 이야기가 정해져 있거나, 구술자의 생각을 변화시키는 것이 목적이라면 왜 그의 이야기를 들으러 간 걸까. 나는 이러한 질문을 품은 채, 구술자의 의견과 충돌하면서도, 그것이 삶의 어떤 조건들로부터 기인한 것인지 이해하고자 했다. '동의'하는 것과 '이해'하는 것은 다른 것이기에.

기대하거나 예상하지 못했던 이야기 속에, 구술자를 입체적으로 이해할 수 있는, 복잡하고 어려운 이야기들이 있었다. 그러한 만남의 복잡다단함을 이야기하고 싶었다. 이는 생각의 차이를 무마하려는 것이 아니다. 나조차도 듣기를 기대한 말의 방향이 있었던 것처럼, 우리는 중요한 이야기와 중요하지 않은 이야기를 나눈다. 어떤 중요한 사건에 대한 말, 혹은 찬반을 나누는 말들이 그렇다. 증언으로 취급되는 말들이 아닌 이야기를 함께 들을 때, 과연 무엇이 달라지는지 확언할 수는 없지만, 분명히 달라지는 것이 있다고 믿는다. 나는 구술자의 기억을 통해 만나는 역사가 국가적, 전형적 역사를 벗어난, 확장된 기록이 되기를 기대한다. 또한 사회적 소통이 이루어지지 않아 더욱 서로 이해할 수 없게 된 지점들을, 만남을 통해 드러내고 충돌하면서 서로의 세계에 균열을 내기를 바란다.

박정원 이야기 ─ 아득함을 넘어 알아차린 것

나는 2023년 8월, 시민 구술기록자로서 최홍희 참전군인을 처음 만났다. 그를 만나러 대한국방교육진흥원 사무실에 갈 때마다 그는 우리들에게 매번 커피나 박카스를 챙겨주곤 했다. 오래된 노트북 컴퓨터를 고쳐드렸더니 역시 이런 건 젊은 사람들이 잘한다면서 너스레를 떨었고, 나에게 노트북에 저장되어 있는 그가 아끼는 손자들의 옛날 사진을 보여주었다. 최홍희는 우리들을 만날 때마다 악의 없는 칭찬을 아끼지 않았다. 구술자들을 손녀딸 대하듯이 하는 태도와 적극적으로 구술에 임하고자 하는 그의 열의가 느껴질 때 어색함은 이내 사그라들곤 했다. 하지만 구술을 진행하면서 듣게 된 최홍희 참전군인의 이야기는 내가 예상했던 바와 사뭇 달랐다. 그 다름을 만날 때마다, 군사주의와 국가주의가 개인의 삶에서 어떤 식으로 작동하고 발현하는지에 대해 한 가지 모습으로만 상상하고 있던 사고방식이 깨지는 것을 느꼈다. 때로는 그와 어떤 단절감을 느끼기도 했는데, 이때 마주한 소통의 단절 앞에서, 나는 '전쟁이 한 개인의 삶에 어떠한 영향을 미치고 있는가'라는 최초의 질문으로 돌아갔다.

그를 만나면서, 종종 나의 눈앞에 앉아 있는 이 사람이 수십 년 전, 전쟁과 같은 끔찍한 국가 폭력에 동원되었다는 사실이 너무나도 아득하게 느껴졌다. 미술 작가이자 활동가로서 재개발 현장, 젠트리피케이션 현장, 성노동자 운동 현장, 미등록 이주민과 홈리스 운동 현장 등을 방문하고, 여러 현장의 당사자들을 직접 만날 때마다 느끼는 아득함이 있었다. 나는 현장의 당사자들과 일시적인, 때로는 장기적인 관계를 맺으며 이들의 인간적인 면모와 입체적인 삶을 마주하곤 했다. 그들이 가지고 있는 인간으로서의 평범성을 느낄 때마다, 내가 감지한 것 바깥에 있는 그 사람의 삶의 시간에서 폭력이 존재한다는, 나 같은 관찰자이자 타인은 감히 상상할 수 없을 정도의 폭력을 그들이 경험했다는 것을 덜컥 깨닫는 순간이 있었고, 그 아득한 순간마다 나는 얼어붙곤 했다. 하지만 이내 그 헤아릴 수 없는 아득함 앞에서 할 수 있는 건, 이들과 함께 분노하고 싸우는 것이라는 다짐에 불을 지피는 일이었다. 최홍희를 만났을 때 역시 나는 이러한 종류의 아득함을 경험했지만, 그 감각은 다른 사람을 만났을 때와는 조금 달랐다.

대화를 이어가며 최홍희와 나를 비롯한 구술자들 간에 평화의 방법론에 대한 의견 차이가 다소 존재했는데, 이러한 차이가 어디서부터 비롯되었는지, 또한 구술기록자로서 이를 어떻게 이해하고 전달해야 하는지에 대한 고민이 들었다. 그는 전쟁은 일어나서는 안 되는 일이고, 안 일어나면 좋지만, 만약 다른 나라가 먼저 공격하면 우리도 맞서서 때릴 수 있을 정도의 국방력을 갖추어야 한다고 거듭 이야기하곤 했다. 전쟁, 국가주의, 민간인 학살 문제에 대해 평화주의와 다소 먼 관점에서 바라보는 그의 생각들이 드러날 때, 나는 단절감과 함께 어떻게 하면 그와의 거리를 좁힐 수 있을지 모르겠는 아득함을 느꼈다. 그런 말을 들을 때마다 얼어붙는 마음을, 말문이 턱 막히는 심정을 구술 당시에도, 지금도 어떻게 해야 좋을지 알 수 없다.

다만 구술활동을 진행하고 최홍희를 여러 차례 만나면서, 이전에 미처 생각하지 못했던 지점 한 가지는 알 수 있었다. 국가폭력에 동원되어 삶의 개인성을 잃어버린 피해자로서의 참전군인, 베트남 민간인 학살에 가담 혹은 방관한 가해자로서의 참전군인, 가부장제 하에서 가족의 생계를 책임져야 했던 가장으로서의 참전군인은 모두 각각 다른 사람이 아닌 한 사람의 몸에 남아 있는 경험이라는 것을. 그리고 그러한 폭력의 비극을 하나의 개인이 복합적으로 경험하게 하고, 감당하게 하고, '운명'으로 받아들이게 만든 것은 다름 아닌 거대한 국가주의와 군사주의였다는 것을.

 우리의 대화를 멈추게 하는 것은 무엇일까. 청년 여성으로서, 전쟁을 경험하지 않은 세대로서, 국가주의와 군사주의에 반대하는 사람으로서, 대화 중에 생긴 이러한 벽을 넘을 수 있는 방법이 과연 있을까. 이제는 역사 너머에서 과거가 되어가는 전쟁을 경험한 사람들은 분명 현재 우리 곁에 존재한다. 우리와 다소 다른 모습으로, 그러나 크게 다르지 않은 한 명의 사람으로 존재한다. 시대와 국가가 저지른 폭력을 운명이라는 말로 조용히 품고서 말이다. 내가 만난 참전군인 최홍희는 내가 미워하기도 하고 사랑하기도 했던 수많은 사람들의 모습과 크게 다르지 않다. 그렇기에 나는 최홍희와의 대화가 끊어져서는 안 된다고 느낀다. 그와, 그리고 그를 닮은 사람들과 계속해서 이야기를 더 나누고 싶다. 우리의 과거와, 평화와, 미래에 대해서.

에필로그

평화를 발굴하기 위한
전쟁 이야기

석미화

만나서 듣는 결심과 투쟁

구술 활동 동료 '느린'을 통해서 만난 참전군인이 있다. 그는 느린이 운영하는 글쓰기 교실에 군복을 입고 찾아왔다가 우연히 이야기를 나누게 된 참전군인이다. 어느날, 느린과 나를 비롯한 몇 명이 그와 만나는 자리를 가졌다.

이야기는 시작부터 뜨거웠다. 베트남전쟁에서 일어난 민간인 학살이 주제가 됐다(나는 '한국군', '민간인', '학살'이라는 단어의 조합에 대해 늘 고민하지만 이 글에서는 잠시 고민을 내려놓고 쓴다). 나에 대한 소개 때문이었다. 왜 참전군인을 만나고자 하는지 설명하기 위해선 내가 활동했던 시간을 이야기해야 했다.

그는 베트남전쟁이 '공산주의를 도모하려는 베트콩(VC, 남베트남민족해방전선)과의 싸움'이었고 작전 중 한국군이 사상을 당하면 살기 위해 죽일 수밖에 없었다는 전장 상황을 말하고 싶어 했다. "한국군이 월남민들을 일부러 죽이고 무참히 학살했다고 하니까 문재인 전 대통령이 사과를 한 거다. 그러다 보니까 월남 갔다 온 사람들이 화내고 욕하는 거다. 그래서 방송국에서 민간인 학살에 대해 이야기하고 토론하고 그런 거다. 나도 그 방송국 앞에 가서 데모도 하고 그랬다." 그는 말끝에 눈물을 보였다. 여러 주장이 뒤섞여 나온 그의 말에서 명확하지 않은 내용과 그로 인한 오해, 억울한 마음이 느껴졌다. 이어서 나도 이야기했다. "민간인 학살이 있었다는 주장은 한국군이 '일부러' 죄 없는 이들을 죽였다는 뜻이 아니다(여기서 방점은 악의적 혐오와 선동을 의미하는 '일부러'이다). 베트남전쟁에 군대를 보낸 정부가 책임을 져야 한다고 주장하는 것이다. 그런데 한국 정부는 이 문제를 외면하거나 애매한 태도로 일관하고 있다. 문재인 전 대통령이 사과를 한 적이 없다. 국가가 방관하는 사이 참전군인과 시민사회의 갈등만 점점 깊어졌다. 소통하지 못하고 계속 갈등하는 것이 안타깝다."

어느덧 참전군인 어르신이 고개를 끄덕여주었다. 그는 자신이 마음 여린 사람이라 그렇다며 이어진 여러 이야기 속에서도 종종 눈시울을 붉혔다. 첫 만남에서 함께 나눈 이야기가 모두 수긍할 수 있는 말들은 아니었을 테지만 적어도 그의 마음을 어루만질 수 있기를 바랐다. 그렇게 월남 전 참전 후반기인 1971년에 백마 29연대 의무중대 소속으로 전쟁을 다녀온 한 참전군인의 이야기를 들었다. 그리고 두 달 후 그와 다시 만났다. 고엽제 피해로 보훈급여금을 받고 있는 그는 이중 수급 금지 규정

때문에 현재 참전수당을 받지 못하는 데 대해 여섯 번째 헌법소원을 냈다고 했다.

"'참전유공자예우및단체설립에관한법률'에서 이야기하는 고엽제후유증 환자는 월남에서 국가를 위해 싸우다 고엽제 약(다이옥신)에 희생된 군인으로서 받는 환자지원수당인데, 이 수당을 받는다고 해서 참전명예수당을 지급하지 않는 것은 개인의 평등권, 자유권, 행복추구권을 상실하게 하는바 헌법소원에 이르게 되었습니다."

그가 제기한 헌법소원에 등장하는 참전명예수당의 '명예'에 대해 어떻게 생각하는지 물었다. 지금도 세계 곳곳에서 일어나는 전쟁에 평화 유지군(PKO)이라는 이름으로 개인 파병[13]과 부대 파병을 하는 것에 대해, 러시아·우크라이나전쟁 북한군 파병에 참전 관련 단체가 항의 시위를 한 이유에 대해, 비교하여 과거 한국이 베트남전쟁에 군대를 보낸 것은 북한의 파병과 어떤 차이가 있는 것인지 묻고 답하며 생각을 나누었다. 그는 망설이며 더듬더듬 천천히 생각을 나누어주었다. 귀한 시간이었다. 여러 참전군인을 만났지만 그렇게 적극적으로 소통할 수 있는 자리는 많지 않았다. 그 자리의 소중함도 컸지만 더 기대되는 것은 앞으로 계속 이어질 만남이었다. 참전군인과의 만남은 처음에는 이상하고 불편하고 어색한 감정을 불러오지만 서로의 차이와 다름을 놓치지 않고 따라가면 반드시 만나는 새로운 생각들이 있다. 느린은 그날의 자리에 대해 이런 소회를 들려주었다.

13.
국군의 해외 파병 업무 훈령에 의해 국회의 동의 절차를 구하지 않고 진행하는 편법적 방식.

"그는 '나'로 답하기도 하고 '월남전 참전군인'을 대변해서 말하기도 하고 3인칭과 1인칭을 오가며 답했다. 아주 많이 어렵고 난해하다고 고개를 갸웃거리면서도 한참 동안이나 대화가 이어졌다. 그날의 만남을 마치고 나는 많이 부끄러웠다. 그의 이야기를 잘 듣는다는 것은 무엇이었을까. 누군가의 이야기를 온전히 듣는다는 것은 가능한가. 그러기 위해 나는 무엇을 했을까. 제대로 묻지 않는 사람이 제대로 들을 수 있을까. 그가 얘기하기만을 기다리며, 그가 꺼낸 말들을 재단하며, 주변만 빙빙 돌면서 그 빈칸을 채우지 못한 사람은 나였다. 나는 이제야 들을 준비가 되었다. 나의 국가와 그의 국가는 과연 같을까. 나의 전쟁과 그의 전쟁은 무엇이 다를까. 그가 나에게 들려주는 이야기에 머무르지 않고 나 역시 그에게 해야 할 이야기가 있다. 어쩌면 그때야말로 비로소 나의 이야기가 그의 이야기와 만날 수도 있을 것이다."

이야기 자리에 함께했던 또 다른 청자, 정원도 이날의 기억이 인상 깊었던 것 같다.

"나는 그가 하고 있는 헌법소원 역시, 베트남전쟁에 얽힌 이들을 국가 차원에서 기억해달라는 개인의 기억 투쟁의 일환이라고 이해하게 되었다. 다만 우리는 베트남전쟁을 '왜', 그리고 '어떻게' 기억할 것인가에 대해서 정확히 이야기해나가야 한다. 그는 우리들을 일컬어 '내 이야기를 들어주는 사람들'이라고 표현했다. 아마 참전군인 집단에 속해 있을 때와 우리를 만났을 때, 그가 나눌 수 있었던 이야기는 사뭇 달랐을 것이다. 다른 이야기들을 더 나누기 위해, 참전군인들을 더 이상 특정 집단에만 고립시켜두어서는 안 될 것이라는 생각이 들었다. 전쟁은 결코 과거에만 일어났던 일도, 한 장소에서만 일어나는 일도 아니기에, 세대와 세대 간의 격차, 경험의 차이에도 불구하고 계속해서 이야기되어야 한다. 그와의 만남은 평화를 이야기하는 우리 모두의 언어가 섞여서 하나의 문장이 될 수 있다는 가능성을 보여주었다."

두 사람의 이야기는 참전군인과의 만남이 가져온 여러 생각들과 그것을 앞으로도 계속 이어 가야겠다는 '만남 결심'을 담고 있었다. 기록 활동, 참전군인과의 소통, 듣고 말하는 자리, 자신의 위치, '연루됨'이나 '당사자성'에 대한 알아차림 등을 함께 고민하는 날이기도 했다.

피해자들의 슬픔과 고통 앞에서

나는 오랫동안 베트남전쟁 시기 한국군에 의한 민간인 학살 진상규명 운동을 해왔다. 그리고 2021년부터는 참전군인과의 만남을 제안하고 있다. '왜 참전군인을 만나는가.' 종종 묻는 이들이 있다. 그 질문 앞에서 지난 시간을 되돌려본다.

2014년 여름, 평화박물관 사무처장으로 일하며 '평화기행'을 이끌고 있을 때였다. 베트남 푸옌성 붕따우마을에서 나와 일행들은 연신 흘러내리는 땀을 닦으며 응우옌흐까가 들려주는 이야기에 귀 기울였다. 응우옌흐까는 주황색 플라스틱 통에 든 녹슨 탄환 다섯 개를 우리에게 보여줬다. 고모와 사촌들의 무덤을 옮길 때 나온 것들이라고 했다. 누군가의 몸을 뚫었을 그것들은 낡고 삭아 고철이 다 되어 있었다. 탄환을 보여주는 손 옆으로 고모부 팜쭝이 먼 곳을 응시하며 앉아 있었다.

"우리는 그날 이후로 슬프고 힘든 삶을 살고 있다. 우리를 이렇게 만들고 한국으로 돌아간 군인들은 잘 먹고 잘 살고 있을 거 아닌가."

응우옌흐까의 말이 통역을 거쳐 전해졌다. 완벽한 소통은 불가능했지만 그의 고통과 원망 섞인 울분만큼은 틀림없었다. 어딘가가 찔린 듯 아팠다. 어쩌면 그의 말이 아니라 그 옆에 말없이 앉아 있는 팜쭝 할아버지의 무표정한 얼굴이 더 아프게 느껴진 것인지도 모르겠다. 그는 아내와 아이들을 한날한시에 잃고 평생 그렇게 침묵하며 살았다. 망설임 끝에 나는 말했다.

"한국군도 잘 살지 못했습니다. 한국으로 돌아간 군인도 고통 속에 살았습니다."

가족을 잃은 사람들 앞에서, 총 들었던 이들의 피해를 이야기한다는 것이 나를 머뭇거리게 했지만 전쟁에 휩쓸린 존재들이 겪는 비극에 대해서도 이야기해야 했다.

할아버지들의 성난 얼굴

내가 평화운동을 하면서 자주 부딪히게 된 이는 참전군인

할아버지들이었다. 베트남전쟁 시기인 1968년에 수많은 민간인이 희생된 퐁니마을의 응우옌티탄이 한국을 처음 방문한 10년 전에도, 그의 증언을 알리고 관련 전시를 하려고 광주, 부산, 대구, 청주를 돌던 그 시절에도, 시민평화법정이 열리던 7년 전 마포 문화비축기지에도, '미안해요 베트남' 피켓을 들고 청와대 분수 광장에서 한겨울을 났던 2017년에도 돌이켜보면 그 자리에는 언제나 군복 입은 할아버지들이 있었고, 어디에서나 참전 단체 회원과 다툼이 일어났다. 2015년, 작가 이재갑의 사진전 '하나의 전쟁, 두 개의 기억'에서 한국군에 의해 희생된 베트남 민간인 피해자와 유가족, 위령비를 담은 사진을 걸었을 때는 전국의 참전 단체 회원 1천여 명이 오픈일 전날 행사장 앞에 몰려와서 전시 중단을 촉구하며 항의했다. 그들의 시위 현수막에는 '월남 참전자 명예훼손하는 사진 전시회를 즉각 중단하라', '자유와 평화를 위한 월남참전 양민학살 주장 웬말이냐'는 글귀가 써 있었다. 나와 동료들은 한국군에 의한 민간인 피해에 대해 진상규명을 촉구했고, 참전군인들은 명예훼손이라며 항의했다. 우리는 정부의 책임 있는 사과와 배상이 있어야 한다고 주장했고, 그들은 전장의 상황을 이해시키려 하거나 사실무근 혹은 조작설을 이야기했다. 관련 전시가 이루어지는 전시장 인근마다 참전 단체 현수막이 나붙었고 청주 전시에는 전시물을 모조리 땅에 내려놓고 방해하기도 했다. 광주 5·18기념재단 공간에서 열리는 전시에도 10여 명의 참전군인이 몰려왔다. 그럴 때마다 나는 참전군인과 다투거나 때로는 입을 닫았다. 자꾸만 마주치는 할아버지들의 성난 얼굴은 어느새 나를 충돌하는 기억 사이에 세워놓았다.

돌이켜보면 참전군인의 성난 얼굴은 30여 년 전에도 그랬다. 1990년 7월에 있던 '베트남전 한국군 민간인 학살'에 대한 월간 『말』의 보도 때도, 1999년 5월에 있던 『한겨레』 보도와 '미안해요 베트남' 캠페인때도 그랬다. 그때도 군복 입은 참전군인들은 거리로 나와 항의 시위를 했다. 피켓을 들고 '한국군은 민간인을 죽이지 않았다'고 외쳤다. 달라진 것이 있다면 젊은 그들이 이제 80대 전후의 노년에 접어든 것뿐이었다.

참전군인들의 자리

2018년 4월 21-22일, '베트남전쟁 시기 한국군에 의한 민간인 학살 진상규명을 위한 시민평화법정'이 열렸다. 김영란 전 대법관과 이석태 전 헌법재판관, 양현아 서울대 법학전문대학원 교수가 재판부를 구성하고, 여러 시민단체와 시민이 뜻을 모아 행사를 준비했다. 이때에도 참전군인의 거센 항의를 또다시 만나겠구나 예감했다. 예상대로 법정을 앞두고 참전 관련 단체는 거세게 항의했다. 월남전참전자회, 상이군경회, 무공수훈자회, 재향군인회, 전몰군경유족회와 전몰군경 미망인회, 이렇게 6개 단체가 '300만 월남전 참전유공자와 그 가족, 유가족 일동' 이름으로 『온 국민에게 드리는 호소문-파월 한국군에 대한 음해의 진실』 책자를 행사 주관 단체에 배포했다. 그 자료는 '파월 한국군을 음해하는 세력은 적폐 청산 대상이다'라면서 한국군에 의해 민간인 학살이 있었다고 말하는 것은 음해이자 허위 사실이라고 주장했다. 참전군인들은 대한민국을 대리하는 변호인단을 방문해 자신들의 억울함을 호소하기도 했다. 법정이 열리던 날, 참전군인 여럿이 방청석에 앉아 있었다. 주최 측이 방청석의 군복 의상 금지와 재판 방해 시 퇴장을 사전 공지로 알렸기 때문인지, 군복을 입은 이는 없었지만 그들을 알아보는 것은 어렵지 않았다. 그들은 조용히 법정을 지켜봤다(우리가 만난 참전군인 최홍희도 당시 방청석에 앉아 있었다). 이날 법정에는 영상을 통해 청룡부대 1중대 2소대원으로 작전에 참여한 참전군인 류진성의 증언이 공개됐다. 얼굴과 이름을 밝히지 않은 채였다. 그는 민간인이 사살된 현장에 대한 목격담을 증언했다. 재판부는 베트남전쟁 시기에 일어난 한국군 민간인 학살 사건을 인정하고, 피고 대한민국의 배상책임과 진상조사, 원고들(퐁니마을 응우옌티탄, 하미마을 응우옌티탄)에게 저지른 불법행위를 알릴 것을 권고했다. 대외적으로 약식 판결문을 발표하고 법정은 마무리되었다. 기다리고 바라던 판결문이었다. 여기저기서 환호가 쏟아졌다. 그와 동시에 한쪽에서 한탄과 한숨이 터져 나왔다. 참전군인들이었다. 그날 참전군인들은 별다른 행동을 하지 않았다. 그럼에도 나는 종종 그날 법정에서 들었던 참전군인들의 한탄과 호소가 떠오르곤 했다. 참전군인이 설 자리를 마련하지 못했다는 무거운 마음도 함께였다.

미국의 베트남전쟁

베트남전쟁은 세계사적으로 20세기에 일어난 가장 비극적이고 추악한 전쟁의 대명사로 꼽힌다. 베트남전쟁, 월남전, 항미전쟁 등 여러 이름으로 부르는 이 전쟁을 남베트남과 북베트남을 둘러싼 이념전쟁으로 이해하는 이들이 많다. 그것은 이데올로기와 도미노이론을 동원한 미국의 전략때문이다. 이 전쟁은 미국이 베트남에 무력을 동원한 1964년 통킹만 사건부터 북베트남군이 사이공을 함락한 1975년 4월 30일까지 일어난 전쟁이지만, 미국이 프랑스의 배후에 등장한 시기를 고려하면 1945년 시작되었다. 당시 미국은 프랑스 전쟁 경비의 최대 80퍼센트를 부담했다. 미국은 베트남이 일본으로부터 해방된 이후 제네바협정으로 유예된 베트남의 통일을 전략적으로 방해했다.

그 시기 베트남은 이미 프랑스와 일본 열강의 식민 지배에 대한 독립운동과 혹독한 전쟁을 치른 이후였다. 베트남 독립운동사는 1946년부터 1954년 디엔비에푸 전투까지 프랑스에 저항해 치른 '항불전쟁'과 이후 미국과 치른 '항미전쟁'을 주요한 승리의 역사로 기록하고 있다. 항미전쟁은 미국과 부패한 남베트남 정권에 반대하는 남베트남민족해방전선(베트콩, VC) 그리고 북베트남의 전쟁이었다. 이 전쟁은 베트남인들에게는 통일전쟁이고, 아시아에 대한 기득권을 유지·확대하려는 미국의 패권 전쟁이며, 쿠데타로 집권한 박정희 정권이 기회로 삼은 전쟁이었다.

전쟁은 베트남을 남북으로 나누는 북위 17도선 이남에서 대부분 벌어졌고, 한국군은 베트남 중부 5개성(꽝남성, 꽝응아이성, 빈딘성, 푸옌성, 카인호아성)에 주둔하며 미군을 도와 싸웠다. 한국군의 대대적인 참전은 미국의 존슨 행정부가 동맹국을 중심으로 '더 많은 깃발(More Flags campaign)' 전략을 전개하면서 본격화되었다. 한국을 제외하고 미국의 요청에 적극적으로 응한 국가는 없었다. 미국이 벌이는 이 전쟁에 대한 국제사회의 시선이 곱지 않았기 때문이다.

전쟁이 끝나고 20여 년이 흐른 1997년, 전쟁을 지휘했던 미국과 베트남의 군 수뇌부가 하노이에서 3박 4일간 만났다. 베트남전쟁 시기 미 국방장관이었던 로버트 맥나마라의 회고록[14]이 만남의 계기가 되었다. 맥나마라는 그의 회고록에서 베트남전쟁에 대한 과오를 인정했다. 이 책은 베트남에 대한 맥나마라의 정식 사죄로 받아들여져 베트남이 미국과 대화를 개시하도록 해주었다. 1995년 미국과 베트남이 수교를 맺을 당시 베트남의 경제 발전에 대한 요구가 높아지던 것도 주요 요인이 되었다. 이때의 대화는「우리는 왜 전쟁을 했을까?-베트남전쟁·적과의 대화의 대화」(1998년 8월 2일, NHK)로 방송되었고, 당시 이 대화를

14.
Robert Strange McNamara,
「In Retrospect:the Tragedy and Lesson of Vietnam, Vintage Book」, 1996.

15.
히가시 다이사쿠, 『적과의 대화』, 서각수 옮김, 원더박스, 2018.

취재했던 히가시 다이사쿠의 책[15]은 한국에도 출간되었다. 당시 대화에서 맥나마라는 베트남의 보응우옌잡 장군에게 1964년 통킹만에서 북베트남의 두 번째 공격이 있었는지 확인하였고, 공격 사실이 없음을 인정했다. 미국의 이른바 '통킹만 결의'는 두 번째 공격에 대한 보고 직후 처리되었다. 맥나마라는 보응우옌잡 장군의 증언을 자신의 회고록에 가필함으로써 베트남 측의 증언을 역사적 사실로 존중한다는 자세를 보여주었다. 베트남에 대한 미국의 군사행동은 바로 이 '통킹만' 사건에서 시작되었고, 이후 수많은 이들의 죽음과 고통으로 이어졌다.

베트남전쟁은 이후 미국이 벌이는 전쟁의 바로미터가 되었다. 미국과 관련한 현대 전쟁에서 베트남전쟁은 끊임없이 소환되고 인용된다. 아프가니스탄 전쟁 이전까지 베트남전쟁은 미국이 벌인 전쟁 중 가장 긴 전쟁이었고, 처음으로 진 전쟁이었다. 천문학적인 전쟁 비용도 베트남전쟁이 남긴 기록 중 하나였다. 2001년 9·11테러로 쌍둥이 빌딩이 무너지고 미국이 테러 용의자로 탈레반을 지목하며 시작된 아프가니스탄 전쟁. 이 전쟁은 20년 동안 지속되었고 미국은 2021년에 긴급히 철군을 추진했다. 수도 카불 공항에서의 난민 대탈출 장면은 1975년 사이공 대탈출의 기억과 겹쳤다. 가자 지구에서 일어나고 있는 팔레스타인인에 대한 이스라엘의 공격과 학살을 비판하며 미국 컬럼비아대학에서 반전 여론이 시작되고 여러 대학가로 번져나갈 때 미국 사회는 다시 베트남전쟁을 떠올리지 않을 수 없었다.

베트남전쟁 종전 50년이 되는 2025년, 미국의 한 OTT서비스 업체가 종전일인 4월 30일에 맞춰 베트남전쟁과 미국 사회에 대한 5부작 다큐멘터리[16]를 방영했다. 이 시리즈는 미국 사회가 베트남전쟁 이전과 이후로 나뉠 만큼 이 전쟁에 큰 영향을 받았음을 조명하고 있다. 그리고 지금도 끊임없이 전쟁을 벌이는 미국을 향해 말한다. 베트남전쟁은 '무지'에 대한 이야기이며, 이후로 계속되는 미국에 의한 전쟁은 '기억상실'에 대한 이야기라고 말이다.

16.
「Turning Point: The Vietnam War」, Netflix, 2025.

한국과 베트남전쟁

한국에서 베트남전쟁은 '월남전'으로 통한다. 남베트남을 뜻하는 '월남'. '월남 갔다 왔다'는 말은 '전쟁 갔다 왔다'는 뜻이기도 하다. 한국은 1964년부터 1973년까지 8년 6개월 동안 연인원 32만여 명, 전체 약 31만 명 규모의 군대를 '월남'에 보냈다. 1964년 9월, 이동외과병원 130명과 태권도 교관단 10명을 시작으로 다음 해 3월, 건설지원단 2천여 명, 1965년에 전투부대인 맹호부대와 청룡부대, 1966년에는 백마부대가 월남에 갔다. 한 해에만 최대 5만여 명의 병력이 이동했다.

베트남전쟁에 대해 국제사회의 비난 여론이 들끓고 전쟁을 반대하는 목소리가 높았지만 유독 한국만은 예외였다. 가수 윤일로의 노래 「월남의 달밤」 노랫말이 '남남쪽 섬의 나라'에서 '남남쪽 먼 나라'로 바뀐 일화처럼 필시 그곳이 섬나라인 줄 알았고, 그 전쟁에 대해서 아는 것은 아무것도 없었다. 총성과 굉음은 먼 곳에 있었고, 고향마을은 고요했기에 가난한 자식들은 국가의 명령으로, 혹은 돈을 벌기 위해 전장으로 갔다. 월남으로 가는 병사들의 대대적인 환송 행사에 학교와 사회가 동원되고, 공산주의에 맞서 자유 수호의 십자군이 되어 싸우는 용맹한 국군의 활약상은 신문 지면의 단골 뉴스였다. 그러나 실상은 우리가 이 전쟁을 왜 치러야 하는지, 청년들이 왜 그곳에서 피를 흘리며 싸워야 하는지 말해주는 이는 아무도 없었다.

국방부가 내놓은 『파월한국군전사』에 따르면 한국군 총 325,141명이 참전하였고, 병사 10,411명과 장교 551명이 부상당했으며, 병사 4,668명과 장교 292명이 사망했다.[17] 파병 규모로는 270여만 명이 참전한 미국에 비해 10분의 1이 조금 넘는 수준이었고, 3만 5천여 명 전후의 병력을 파병한 태국과 호주에 비하면 열 배나 큰 규모였다. 그것은 미국 다음으로 큰 규모였다. 이 전쟁에서 미군 5만 8천여 명이 전사하였고, 그 두 배 이상의 귀환 장병이 자살하거나, 트라우마, 질병 등으로 고통받았다. 한국군의 귀환 이후는 통계조차 없다. 베트남전쟁으로 300만 명이 넘는 이들이 목숨을 잃었다. 남베트남 사람들은 난민이 되어 뿔뿔이 흩어지거나 노역에 시달리고 처형되기도 했다. 미국은 천문학적인 전쟁 비용을 들였고, 제2차 세계대전의 세 배에 달하는 포탄을 베트남 땅에 퍼부었다. 35만 톤의 지뢰와 불발탄이 여전히 남아 있고 이것을 없애는 데만 300년이 걸린다는 전망도

17.
『파월한국군전사』 10권, 531쪽, 한국군 손실 현황 (1973.3.23. 현재)

18.
Ariel Garfinkel, 「The Vietnam War is over. The Bombs remain.」, The New York Times, Mar, 20, 2018.

19.
국가보훈부 참전유공자 등록현황 2025년 5월 기준 165,560명, 6·25와 월남참전 중복 인원 제외.

20.
한국의 해외파병 인원은 2024년 3월 1일 기준, 개인단위 42명:UN PKO(26명), 다국적군(16명) / 부대단위 957명 : UN PKO(545명), 다국적군(264명), 국방협력(148명)으로 총 17개 지역에 파병되어 있다. (출처: 합동참모본부 홈페이지) 우리나라의 해외파병 누적 현황은 2018년 6월 기준 집계로 28개국 52,718명이다. (출처: 『대한민국 해외파병 이야기』, 국방부)

있다. 전쟁이 끝나고도 지뢰와 불발탄으로 4만여 명의 베트남 사람이 죽었고, 6만 7천여 명이 장애를 갖게 되었다.[18]

전쟁 기간 중 남베트남 전 국토의 13퍼센트에 달하는 숲과 경작지 2,400여 제곱킬로미터의 땅에 7,570만 리터의 고엽제가 살포되었다. 다이옥신 중독으로 피해를 입은 사람이 수백만 명에 달하고 대를 이어 고통은 이어지고 있다. 베트남 사람들뿐만 아니라 참전했던 미군과 한국군, 그 가족도 고통받았다. 이것은 현재 우리 사회에 함께 살아가고 있는 17만여 명의 참전군인[19]이 겪은 전쟁이고, 반세기 전에 한국 사회가 겪은 전쟁이다. 청년들은 왜 아무 이해관계 없는 그 먼 나라까지 총을 들고 가서 싸워야 했을까.

지금 우리가 알고 있는 나라 베트남은 50여 년 전 통일을 이뤄 하나의 나라가 되었다. 전쟁은 북베트남과 남베트남민족해방전선의 승리로 끝났고, 남베트남이 패했다. 미국이 패했고, 한국이 패했다. 전쟁에 이기고 지는 것이 무슨 큰 의미일까만, 이 전쟁을 '패전'이라고 재차 확인하는 이유는 반세기가 지난 지금 월남전 참전 역사가 한국 사회에 승리와 성과로만 둔갑해 있는 현실을 바로잡기 위해서이다. 이 전쟁으로부터 시작해 지금도 전 세계 분쟁지역으로 '평화 유지'와 '국위선양'이라는 이름으로 한국의 해외 파병[20] 이어지고 있기 때문이다. 월남전 참전 역사가 해외 파병의 시작점에 있다.

1968년 구정대공세를 기점으로 전 세계에 베트남전쟁에 대한 반전 여론이 일어났다. 구정대공세 직후 미군이 벌인 미라이 학살은 1년 후 기자 세이머 허시가 크게 보도하고, 반전 여론은 점점 커진다. 그리고 미국은 더 이상 이 전쟁을 지속할 수 없었다.

전쟁이 끝나기 전인 1973년, 파리평화협정에서 전쟁 개입을 공식적으로 종결하며 미군 철수가 이루어지고, 한국군도 그해 3월까지 베트남에서 철수한다. 당시 부산항 제3부두는 월남으로 가는 배가 들고 나가는 곳이었다. 돌아오는 군대를 맞이하는 부산항의 풍경은 신문에도 크게 실렸다. 기사는 '이기고 돌아왔다', '개선(凱旋) 환영, 10여만 시민들 환영'이라는 제목을 달고 있었다. 그 기억이 지금 한국 사회에 어떻게 자리하고 있는지 용산 전쟁기념관 해외파병실에 가보면 알 수 있다.[21] 1973년 한국군 철군과 1975년 종전 사이 2년이라는 시차는 명백히 패배한 전쟁의 책임을 회피하고 왜곡시키는 기회가 되었다. '스스로 지키지 않으면 아무도 지켜주지 않는다'. 이후 월남 패망의 역사는 그 시절 반공과 안보의 본보기가 되었고 현재까지 이어지고 있다. 전사에 담긴 당시 국방장관의 서문에 그러한 인식이 뚜렷이 담겨 있다.

"그 이후 휴전과 더불어 우방군이 철수하자 이미 오래전부터 기회를 노리고 있던 월맹군의 급습으로 월남은 단시일 내에 패망하고 말았으니, 그 패인이 병력이나 장비의 열세에 있는 것이 아니라, 월남 국민의 총화안보 태세의 미비에 기인되고

21.
용산 전쟁기념관 해외파병실에는 귀환하는 국군장병 사진 위에 '개선환영식'이라는 제목을 붙여두었다. 영문으로는 'The Disbandment Ceremony'으로 적혀 있다. 그 뜻은 '해산식'이다.

있음을 우리는 결코 간과할 수 없습니다. 즉, 휴전 이후 월맹군의 재침에 대한 대비책이 부실하였고, 자기 나라의 국방을 타력에 의존하는 데에는 한계가 있다는 것을 깨닫지 못하였으며, 국론이 분열됨으로써 힘을 충분히 발휘할 수 없었으며 또한 군부의 부패로 인하여 전의를 상실한 데 그 요인이 있었던 것입니다. 자유월남이 패망의 비극을 겪은 지 어느새 4년이 흘러간 오늘, 소련의 전투함이 서태평양을 누비고 중소의 지령을 받는 북괴가 남침도발의 흉계를 노골화하고 있는 가운데 주한미지상군이 철수하는 복잡다단한 주변 정세를 생각할 때 우리는 월남의 패인을 타산지석으로 삼아 국력배양과 전력증강에 더욱 박차를 가하여 물샐틈없는 총력안보 태세를 공고히 하여야 하겠습니다."²²

22.
『파월한국군전사』
1권 상, 개정판, 1978년,
국방부장관 노재현이 쓴
서문 중에서.

전쟁의 상처를 평화의 기회로 삼기 위해

베트남전쟁을 전후로 하여 한국 사회는 분단의 지속과 독재, 민주화라는 큰 변혁의 시기를 걷는다. 한국전쟁이 끝난 후 10년 만에 다시 시작한 전쟁, 8년 6개월이라는 긴 세월 동안 치른 전쟁, 수많은 청년이 총을 들고 간 전쟁, 그리고 현재까지, 우리 사회 폭력과 광기의 역사 한가운데 베트남전쟁은 자리하고 있다. 숫자와 통계, 경제발전이라는 국가의 기억 이면에 전쟁이 남긴 고통과 슬픔, 몸의 기억과 사회적 갈등이 여전히 존재한다. 이것이 지금 우리가 한국의 베트남전쟁, '월남전'을 기억해야 하는 이유다.

나에게는 한국 사회가 겪은 전쟁 기억을 평화의 기회로 삼겠다는 포부가 있다. 이것은 '한국의 베트남전쟁'이라는 알아차림에서 출발한다. 지금도 여전히 이 전쟁은 우리에게 '잊힌 전쟁'이고, '남의 전쟁'이다. 32만여 명의 당사자와 그 가족들이 있음에도 불구하고 그들의 이야기는 관심받지 못하고 점점 사라져간다. 국가의 전쟁 서사는 애국과 발전, 명예와 보훈이라는 자리에서 끊임없이 재생산되고, 학살의 키워드만이 빈곤한 전쟁 기억을 지배하고 있다. 나는 복잡한 것은 복잡한 대로 보는 것을 평화라고 여긴다. 자세히 보는 것, 흔들리며 보는 것이 평화에 가까운 것이라고 생각한다. 이러한 공감 아래 참전군인을 만났고, 듣고 말하는 자리를 만들어 갔다.

참전군인을 만나는 활동은 우리 사회가 만들어 온 좁은 인식의 지평을 넓혀나가는 일이다. 나로서는 그동안의 활동에 대한 결자해지의 방법론이다. 그동안 베트남전 민간인 학살에 대한 운동이 선취해온 정의의 자리를 참전군인과 함께하는 일이며, 배제되고 소외되었던 그들의 이야기를 듣는 시간이며, 전쟁과 평화에 대한 풍부한 담론을 만들어가는 일이다. 나는 이 활동이 새로운 길을 찾을 것이라 믿는다. 계엄에서 탄핵으로 이어지는 혼란 속에 군대와 조직, 명령과 항명의 한복판에 선 이들에 대한 시선을 심심치 않게 만난다. 나를 비롯해 구술 활동을 함께하는 이들은 자연스럽게 그 이야기에 귀를 연다. 그것은 참전군인과의 만남이 국가폭력에 동원된 존재이자, 폭력을 수행하는 존재로서 중첩된 그들의 정체성을 찾아가는 여정이기 때문일 것이다. 폭력으로 말미암은 것들에만 생각을 가두지 않고, 폭력의 구조에 다가가보는 것, 그 이야기에 흔들리며 나와의 연결을 마주하는 것, 그것이 지금 베트남전쟁 참전군인을 만나는 이유이다.

필자소개

석미화

베트남전쟁과 평화를 주제로 글을 쓰고 평화활동을 하고 있다. 군의문사진상규명위원회 조사관으로 일하며 군대와 평화에 대해 관심을 키웠다. 평화에 대한 관심은 베트남전쟁 진상규명 활동으로 이어졌고, 참전군인의 자리에 대한 고민으로 확장되었다. 평화단체 '아카이브평화기억'을 열었고 과거의 전쟁 기억이 내일의 평화를 여는 징검다리가 될 수 있도록 노력 중이다. 쓴 책으로 『월남으로 간 동창생들』이 있다.

이재춘

전쟁과 사람, 특히 베트남전쟁와 고엽제 피해에 관심이 많은 연구자다. 전남대 사학과 박사 과정을 수료했다. 참전군인 2세로서 뒤늦게 찾아온 장애의 삶을 이해하려고 애쓰고 있다. 베트남전쟁에 강하게 연결되어 있다는 감각을 갖고 있다.

박혜진(노랭)

주변인들을 만나고 질문하는 방식으로 삶의 궁금증에 대한 답을 찾아가고 있다. 그 여정으로 청소년 퀴어 친구들과 함께 동료를 찾아 서로의 존재를 확인하는 내용을 담은 다큐멘터리 「명: 우린 같지만 달라」와 외할아버지 김시호 씨의 베트남전쟁 참전 기억을 인터뷰하는 다큐멘터리 「당신의 해방」을 만들었다.

최여울(이웅)

성미산학교 졸업생. 쫓겨나고 죽임당하는 존재들과 만나며 폭력의 구조를 마주하는 과정에서 참전군인을 만났다. 복잡한 이야기들을 듣는 경험을 통해 질문을 찾아가고자 한다.

노예주
여러 투쟁 현장에서 연대 활동을 하고 있는 활동가이자, 현장에서 경험한 감각을 기반으로 회화 작업을 하는 미술 작가이다.

박정원
작가이자 활동가. 도시 운동을 시작으로 노동자, 비국민, 여성, 소수자, 참사 희생자와 같은 이들의 사회 투쟁 현장에 연대하며 저항의 장면을 그림으로 기록하게 되었다. 동시대에 발생하는 거대한 폭력과 상실을 개인으로서 어떻게 마주하며 살아가야 할지 고민하고 있다.

이현주
용산마을교육연구회 소속으로 어린이와 청소년을 만나는 교육활동가. 환경, 생태, 역사, 평화 교육을 공동육아와 마을공동체 현장에서 실현하기 위해 활발히 연구한다.

김엘림
피스모모 평화페미니즘연구소 연구실장. 평화를 알고 싶어 시작한 국제정치학 공부 중에 전쟁과 젠더의 교차에 눈길이 머무르면서 한국전쟁기 여성의 참전 경험을 연구했다. 젠더, 여성, 전쟁, 평화, 안보 등을 공부한다. 피스모모 평화페미니즘연구소와 서울대 아시아연구소 웹진 『다양성+Asia』에 함께하고 있고, 국제정치학 연구자 모임 '아이알살롱'과 읽기모임 '펨국뭐', 국제법X위안부 세미나팀, 아카이브평화기억 등 여러 자리에서 서로 배웠고 또 배우는 중이다.

전쟁에
동원된
남자들

2025년 7월 1일 1판 1쇄

기획 아카이브평화기억
글쓴이 석미화, 이재춘, 박혜진, 최여울, 노예주, 박정원, 이현주, 김엘림
디자인 이아진
교정 주진형
제작 올북컴퍼니
펴낸곳 알록출판사
펴낸이 안지혜
등록 제2022-000226호
전자우편 aarroocc.book@gmail.com

ⓒ 아카이브평화기억, 2025
ISBN 979-11-989881-2-6(03900)

이 책에 실린 글은 무단 전재, 복제할 수 없고 사용하기 위해서는
반드시 저작권자의 동의가 있어야 합니다. 사용을 원하시는 분은 출판사로 연락 주십시오.